누리과정에 기초한
그림책 읽기 지도 안내서
· 1 ·

＊일러두기
- 본문에 수록된 표지 이미지는 출판사의 허락을 얻고 사용하였습니다.
- 본문의 인용 페이지는 속표지 다음 페이지를 1쪽으로 계산하였습니다.

101권의 그림책,
제대로 재밌게 읽자!

이차숙 지음

초록서재

| 차례 |

그림책 읽기에 대하여 · 8

1부 엄마, 아빠 사랑해요
고릴라 · 36
고함쟁이 엄마 · 42
곰 아저씨에게 물어 보렴 · 48
괜찮을 거야 · 54
그래도 엄마는 너를 사랑한단다 · 60
당나귀 실베스터와 요술 조약돌 · 66
수영장에 간 아빠 · 72
아빠! 머리 묶어 주세요 · 78
엄마 가슴 속엔 언제나 네가 있단다 · 84
엄마, 난 도망갈 거야 · 90
엄마 마중 · 96
엄마 자판기 · 102
코끼리 아저씨와 100개의 물방울 · 108

2부 내 사랑, 우리 가족
고 녀석 맛있겠다 · 116
구름빵 · 122

동생이 태어날 거야 · 128
돼지책 · 134
범블아디의 생일 파티 · 140
비 오는 날의 소풍 · 146
소피가 화나면, 정말 정말 화나면 · 152
순이와 어린 동생 · 158
아빠 자판기 · 164
앤서니 브라운의 행복한 미술관 · 170
우리 할아버지(마르타 알테스) · 176
우리 할아버지(존 버닝햄) · 182
터널 · 188
피터의 의자 · 194
하지만 하지만 할머니 · 200
할아버지의 천사 · 206

3부 나랑 친구하자
감기 걸린 물고기 · 214
검피 아저씨의 뱃놀이 · 220
고양이는 나만 따라 해 · 226
구리와 구라의 빵 만들기 · 232

노란 우산 · 238
눈 오는 날 · 244
마들린느와 쥬네비브 · 250
무지개 물고기 · 256
새둥지를 이고 다니는 사자 임금님 · 262
아모스 할아버지가 아픈 날 · 268
알사탕 · 274
여우 나무 · 280
처음 학교 가는 날 · 286
토끼의 결혼식 · 292
흔들다리 흔들흔들 · 298

4부 자연을 아끼고 사랑하자
감기 걸린 날 · 306
달 샤베트 · 312
모두 행복한 날 · 318
바람이 불었어 · 324
브라노 무나리의 동물원 · 330
아기 오리들한테 길을 비켜 주세요 · 336
야, 우리 기차에서 내려! · 342

행복한 여우·348

화가 난 수박 씨앗·354

*2권에서 5~9부 계속 이어집니다

5부 괜찮아! 나도 할 수 있어

6부 우리 모두 함께 살아요

7부 환상의 나라로 떠나요

8부 멋있고 당당하게 살아요

9부 아! 재미있어요

| 그림책 읽기에 대하여 |

그림책 읽기의 목적은 즐거움이다

아이들은 대체로 그림책 읽기를 좋아하고 즐깁니다. 많은 아이들이 그림책을 읽어주면 숨죽여 몰입하고, 다 읽고 나면 '재미있다'는 반응을 하지요. 심지어 더 읽어달라고 조르기까지 합니다. 이처럼 아이들은 그림책이 재미있다는 사실을 잘 알고 있고 그림책 읽기를 매우 좋아합니다. 재미는 어떤 것을 행함으로써 얻어지는 즐거움이자 기쁨이지요. 책을 읽고 재미를 느끼게 되면 아이들은 마음이 즐거워지고 행복해집니다. 자꾸 책이 더 읽고 싶어집니다. 재미는 인간의 본능적 욕구이며, 즐거움, 열정, 에너지, 동기, 몰입, 유희충동 등의 속성이 있습니다.

그림책이 재미있는 이유는 무엇일까요? 그것은 이야기이기 때문입니다. 그림책은 글과 그림으로 이야기를 전하는 책입니다. 이야기는 인간 경험에 대한 진술이며, 이는 여러 가지 시공간적 상황에서 인간이 어떻게 생각하고 느끼고 행동하는가를 적어놓은 것입니다. 이야기는 인간에게 일어나는 여러 가지 사건에 대한 진술이지요. 그런데 바로 그 이야기가 인간 됨에 있어서 과학만큼이나 중요한 역할을 합니다. 어떻게 보면 인간 발달은 이야기의 틀 속에서 이루어진다고 할 수 있습니다. 아이들은 남들이 들려주는 이야기를 듣고 상상하고 사색하면서 그 의미를 해석합니다. 그것이 점차 세상을 이해하고, 다른 사람들의 마음을 이해하는 수단이 됩니다.

이야기는 각기 다른 사람들의 목소리입니다. 다른 사람의 목소리를 듣는 것은 대화를 나눈다는 뜻이지요. 우리는 이 세상을 사는 동안 각기 다른 사람들의 목소리를 들으며 소통하고 상생하고 공존합니다. 다시 말하면, 인간은 이야기를 통해 세상을 이해하고, 다른 사람들의 마음을 이해합니다. 이야기를 많이 들은 사람과 듣지 못한 사람은 세상과 사람을 이해하는 정도가 다르지요. 놀랍게도 아이들은 다양한 이야기를 들으면서 의미를 찾고, 그러한 행위를 즐깁니다. 이것은 거의 본능인 것 같습니다. 대부분 아이들은 이야기 듣기를 정말 좋아합니다.

그림책은 이야기책입니다. 그런데 이야기는 의도하지 않게 이야기하는 사람의 주관과 편견이 들어갑니다. 예를 들면, 이야기하는 사람의 경험과 예술적 재능이 보태어지고, 가치관에 따라 강조하는 바가 달라집니다. 각기 다른 소재와 주제로, 다른 목소리로 이야기를 들려줍니다. 좀 더 재미있는 이야기가 있고, 재미가 덜한 이야기도 있습니다. 재미란 개인의 특성과 상황, 경험에 따라 다양하게 수용되는 주관적인 감정이므로 객관적으로 설명하기란 매우 어렵지요. 그러나 많은 연구자들이 일반적으로 말하는 재미있는 그림책이 있습니다. 즉 스토리가 비교적 간단하고 이해가 잘되는 책, 캐릭터를 동일시할 수 있는 책, 상상력을 극대화할 수 있는 책, 추리와 추론을 할 수 있는 책, 스토리 전개가 궁금해지는 책, 반전이 있는 책, 환상과 현실을 오갈 수 있는 책, 지루하지 않고 생생한 자극이 있는 책, 유머가 있는 책 등이지요.*

한마디로 이런 책들은 아이들이 마음껏 상상하고 사색해서 이야기의 의미를 해석해낼 수 있는 여지가 많은 책들입니다. 아이들은 그림책을 읽을 때 글과 그림으로 전달되는 이야기에다 아이들 나름대로 상상하고 추리하여 의미를 해석해냅니다. 그리고 그 의미를 자신의 삶과 연결해봅니다. 이런 과정 속에서 아이들은 자신의 개인적 생각과 감정을 표출하기도 하지요. 그림책을 혼자 읽는 경우도 있지만, 함께 읽는 경우가 많습니다. 그럴 경우에 아이들이 표출하는 생각과 감정들은 또 다른 이야기가 됩니다. 서로의 생각과 감정들을 소통합니다. 이것이 바로 대화이고, 이 대화의 과정들이 아이들에게 무한한 즐거움을 줍니다. 재미있는 그림책은 단순히 정보만 전달하는 것이 아니라 상상과 사색을 통해 의미 해석의 여지가 많은 책이란 뜻입니다. 아이들을 행복하게 하려면 이런 책들을 골라 읽어주어야 하고, 상상과 사색을 많이 하게 해야 되겠지요.

그림책 읽기의 궁극적 목적은 즐거움입니다. 그런데 부모님들은, 특히 유아를 자녀로 둔 부모님들은 시기가 시기인지라 아이들에게 무엇이든 많이 가르치고 싶어 합니다. 글자 읽기도, 간단한

---

*Kelly, H.(1997). Research traditions in comparative context: A philosopical challenge to radical constructvism. Science Education, 81(3).

산수도 가르치고 싶습니다. 가능하다면 그림책도 무엇인가 가르칠 수 있는 책을 고르고, 그림책을 읽으면서도 자꾸 가르치려고 애씁니다. 특히 글자 해독을 가르치려는 경우가 많습니다. 그림책을 읽으면서 "이게 무슨 글자야?"라고 묻고, 아이가 답을 못하면 "앞에서 나왔잖아." 하며 면박을 주기도 하지요. 이러면 아이는 그림책 읽기를 즐길 수 없습니다. 즉, 그림책 읽기가 싫어집니다. 아이들에게 그림책을 읽어줄 때 가장 우선적으로 생각해야 할 점은 아이들이 그림책 읽기를 즐기게 하는 것입니다. 그림책 읽기를 통해 아이들에게 지식을 주입하고, 무엇인가를 가르치기보다는 아이들이 그림책 속의 이야기를 통하여 다른 사람들의 생각과 감정과 행동을 이해하게 해야 합니다. 이것은 아이들에게 대단한 즐거움이 됩니다. 책 읽기를 즐기게 되면 자꾸 책이 읽고 싶어집니다.

이 책에서는 아이들이 마음껏 상상하고 사색할 수 있는 책들을 골라 소개했습니다. 오랫동안 아이들의 사랑을 받아온 책들이 많지요. 그림책의 짧은 역사에도 불구하고 7~80년 이상 고전으로 남아 있는 책들도 많습니다. 이런 책들을 아이와 함께 읽으면서 글자 해독을 가르치고, 간단한 산수를 알려주는 식의 읽기는 너무 억울한 일 아닌가요? 다양한 책들을 통해 아이들에게 '생각하는 힘'을 길러주어야 합니다. 삶의 의미와 가치에 대해 생각하고, 기꺼이 올바른 행동을 선택할 수 있는 힘을 가질 수 있게 해야 합니다. 이것이 누리과정이 요구하는 그림책 읽기이고, 아이들이 즐길 수 있는 그림책 읽기입니다.

그림책 읽기의 의미와 가치

그림책 읽기의 궁극적 목적이 즐거움이라면 그림책 읽기의 의미와 가치는 무엇일까요? 간단히 생각해봅시다. 어떤 것의 의미와 가치는 사람마다 다릅니다. 그 어떤 것도 정해진 의미와 가치는 없습니다. 중요하게 생각하는 정도도 다 다를 것입니다.

제가 생각하는 그림책 읽기의 의미와 가치는 다섯 가지로 살펴볼 수 있습니다.

첫째, 따뜻한 인간관계 형성을 가능하도록 도와줍니다. 대화란 무엇인가요? 생각과 마음을 주고받는 일입니다. 사람과 사람이 생각과 마음을 서로 어떻게 주고받을까요? 말과 글, 그림, 몸짓과 표정으로 주고받을 수 있습니다. 글과 그림이 곧 생각이고 마음인 것은 아닙니다. 글과 그림은 생각과 마음을 전달하는 매체입니다. 그림책을 읽는 일은 그림책 속에 있는 글과 그림을 통해 다른 사람의 생각과 마음을 읽는 일입니다.

다른 사람의 생각과 마음은 어떤 형태로 담겨 있을까요? 주로 이야기 형태로 담겨 있습니다. 그림책을 읽을 때 그것은 부모의 목소리, 또는 선생님의 목소리로 바뀌어 들려집니다. 아이들은 그림책 읽기를 통해 작가의 생각과 마음, 책을 읽어주는 부모나 선생님의 생각과 마음까지도 읽게 됩니다. 그림책을 읽는다는 것은 이렇게 다른 사람의 생각과 마음을 읽는 일입니다.

다른 사람의 생각과 마음을 읽는 일은 매우 중요합니다. 만약 한 인간이 다른 사람의 생각과 마음을 읽을 수 없다면 그는 결코 인간다운 삶을 살아갈 수 없을 것입니다. 다른 사람과 생각과 마음을 주고받지 않고는 결코 원만한 인간관계를 이룰 수 없기 때문입니다. 인간관계의 질이 우리 삶의 질을 결정합니다. 살면서 인간이 추구해야 할 가장 중요한 가치는 질 높은 인간관계를 형성하는 일입니다. 그림책에는 바로 이렇게 인간관계 형성을 어떻게 해야 할지 잘 알게 해주는 여러 가지 이야기들이 들어 있습니다. 이야기를 많이 읽으면 아이들은 저절로 인간관계를 어떻게 맺어가야 할지 알게 됩니다.

둘째, 아이들에게 '생각하는 힘'을 키워주는 것입니다. 아기가 이 세상에 태어나면 아무것도 할 수 없고, 남의 도움으로만 살아가는 무기력하고 무능한 존재로 보입니다. 그러나 그렇지 않습니다. 아기는 아무것도 할 수 없는 완전 무력한 존재가 아니라, 적극적으로 생각하며 세상을 살아가는 매우 능동적인 존재입니다. 아기는 세상에 태어나면서부터 생각해야 할 많은 것들로 둘러싸이고, 그런 가운데서 적극적으로 생각하기 시작합니다. 즉 다른 사람들을 알아보아야 하고, 들려오는 소리를 인식해야 하고, 주변의 많은 것들을 보면서 사물을 익혀야 하고, 말을 배워야 하고, 여러 가지 아이디어와 개념, 가치들을 배워야 합니다. 추론과 판단하는 능력도 길러야 합니다. 그래야 이 세상을 인간답게 살아갈 수 있습니다. 간단히 말해서 아기의 삶은 끊임없는 사고 활동의 과정들로 이어집니다.

그림책은 다양한 생각거리들로 가득 차 있습니다. 아이들의 사고를 촉발하고 촉진하는 내용들, 다양한 인간의 모습, 복잡한 삶의 문제들이 그림책 안에 가득합니다. 생각은 어떤 정보를 머릿속에 받아들여 그것을 그대로 기억하고 회상하는 것을 말하지 않습니다. 그것은 단순 기억이지요. 단순 기억을 생각이라고 말하는 건 곤란합니다. 생각은 좀 더 높은 수준의 정신 활동입니다. 예를 들면, 어떤 정보가 우리 머릿속에 들어오면 그 정보를 받아들여 비교, 분석, 추리, 추론, 상상, 예측, 통합, 판단해 새로운 정보로 바꾸는 정신 활동을 말합니다. 지금 당장 실물로 볼 수 없는 것들이 그림책 속에 펼쳐지고 그 속에서 여러 가지 문제들이 나타납니다. 다양한 인물들이 그 문제들을 해결해 나가는 삶의 모습들이 보입니다. 그림책 속의 글과 그림들이 바로 생각거리들입니다. 아이들은 그림책을 보면서 저절로 생각하게 되지요. 아이들은 다양한 문제들에 대해 의문을 가지기 시작하고, 복잡한 삶의 문제들을 경험하기 시작합니다. 이것이 바로 사고 활동입니다.

한마디로, 그림책은 아이들의 사고 활동을 적극적으로 하게 만드는 생각거리들입니다. 인간은 여러 가지 생각거리들을 생각의 자료로 삼아 지각, 기억, 반성적 성찰, 추리와 추론, 사상(事象)의

관계성 추출, 이해, 판단하게 됩니다. 그 결과 세상에 대한 지식을 얻게 되고 그 지식에 비추어 자신의 행동을 적절히 통제함으로써 이 세상을 살아가게 됩니다. 그림책은 아이들이 읽어도 되고 읽지 않아도 되는 것이 아니라, 정신 성장의 최적화를 위해서 반드시 읽어야 합니다. 많이 읽으면 읽을수록 생각하는 힘은 더욱 증대합니다. 두뇌 활동은 활성화의 원리를 따르기 때문이지요. 많이 쓰면 쓸수록 두뇌가 발달합니다. 생각할 줄 모르는 인간은 인간으로서 존엄성을 잃게 됩니다.

셋째, 그림책 읽기는 아이들의 정서 발달에 도움을 줍니다. 정서는 인간 내면에서 일어나는 어느 정도 지속적인 느낌이나 감정을 말합니다. 기쁨, 분노, 질투, 불안, 두려움, 슬픔 등과 같은 것들이지요. 이런 느낌이나 감정은 생리적 각성, 표현적 행동, 사고와 감정을 포함한 의식적 경험의 혼합체입니다.

정서적으로 건강한 인간이 되려면 우선 다양한 정서를 느낄 수 있어야 합니다. 그것을 적절한 수준에서 통제하고 표현할 수 있어야 합니다. 사람이 기쁜 일이 생겨도 기쁨을 느낄 수 없거나 슬픈 일을 당해도 슬프지 않거나 화가 나는 일을 당하고도 화가 나지 않는다면 정서가 건강한 사람이라고 말할 수 없겠지요.

다양한 정서를 느낄 수 있을 뿐만 아니라 또한 그 정서를 적절하게 표현할 수도 있어야 합니다. 사람들은 각성된 정서를 대체로 두 가지 방법, 즉 신체와 언어로 표현하지요. 이런 표현도 사회적으로 용납될 수 있는 수준에서 적절하게 표현해야 합니다. 화가 난다고 막무가내로 소리소리 지르고, 사람을 공격하는 행동을 하면 안 되겠지요. 적절한 수준에서 정서를 표현할 수 있어야 합니다. 그렇게 하려면 자신의 정서를 적절히 통제할 수 있어야 합니다. 슬프다고 언제까지나 이불을 뒤집어쓰고 울고만 있으면 안 되겠지요. 적절한 때에 털고 일어나 다른 일을 할 수 있어야 합니다.

한마디로, 아이들의 정서 지도는 아이들이 다양한 정서를 느낄 수 있고, 그것을 적절히 표현하고 통제할 수 있도록 도와주어야 합니다. 그런데 정서 표현과 통제는 인간이 아무 때나 마음대로 쉽게 할 수 있는 것이 아닙니다. 정서는 사고 활동과 깊은 관련이 있는 인간 심리의 중요한 한 부분입니다. 정서 발달은 인간의 여러 의식적 경험을 통해 이루어집니다. 그렇다면 우리는 아이들의 정서 발달을 지도하기 위해 어떻게 정서와 관련한 의식적 경험들을 가지게 할 수 있을까요? 실생활에서 아이들이 다양한 정서를 경험하고, 정서적 반응을 할 때마다 일일이 말로 설명하면서 지도할 수는 없습니다. 예를 들면, 아이들은 쓸데없는 것들을 고민하고 불안해하는 경우가 많습니다. '혹시 엄마가 나를 버리고 어디론가 떠나버리면 어쩌지?' 하는 고민을 하면서 불안해하는 아이들도 있습니다. 아이들의 걱정과 불안을 날려버릴 수 있는 여러 가지 방법들이 있겠지만, 이런 내용과 관련한 그림책들을 골라 읽고 함께 이야기를 나누면 가장 쉽게 문제를 해결할 수 있습니다. 정서적 문제들과 관련한 책들은 그 문제들만큼이나 많습니다. 조금만 관심을 기울이면 얼마든지 좋은 책을 골라낼 수 있습니다.

그림책은 이야기책이기 때문에 다양한 상황에서 인간이 무엇을 생각하고, 어떻게 느끼고, 어떻게 행동하는지 기술하고 있습니다.

아이들은 그림책을 읽으면서 주인공과 함께 경험하고, 감정이입합니다. 결과적으로 다양한 정서를 자연스럽게 경험하고 표현하고 통제하는 법을 익히게 되지요.

넷째, 그림책 읽기는 아이들의 언어 발달을 신장시킵니다. 언어는 인간의 생각과 감정을 전달하는 의사소통의 수단입니다. 다시 말하면, 인간의 생각과 감정을 주고받을 수 있게 하는 도구라는 뜻입니다. 언어 발달은 두 가지 차원에서 생각해야 합니다. 하나는 생각과 감정을 담아야 할 그릇인 언어 그 자체의 문제이고, 다른 하나는 그 그릇에 담아야 할 생각과 감정의 문제입니다.

우선, 언어 문제를 먼저 생각해봅시다. 언어는 단어와 문장의 형태로 의미를 주고받을 수 있는 일종의 상징적 체계입니다. 체계는 아무렇게나 만들어지는 것이 아닌 일종의 규칙들에 의해 만들어지지요. 그래서 말의 법, 즉 어법이 존재합니다. 언어와 관련한 규칙은 발음 규칙, 문장 규칙, 의미 규칙 등이 있습니다. 이런 규칙들은 아이들이 단시간에 한꺼번에 익힐 수는 없습니다. 언어를 기능적으로, 총체적으로 사용하면서 서서히 익혀 나가지요. 아이들은 언어를 효율적으로 사용하기 위해 단어들도 익혀야 하고, 문장도 익혀야 하고, 적절하게 발음도 할 수 있어야 합니다. 아이들은 언어적 본능이 있어서 쉽게 이런 규칙들을 터득하기는 하지만 그래도 시간이 조금 걸립니다. 그것은 언어 사용을 직접 해봄으로써 이루어집니다. 노출되는 언어적 환경에 따라 언어를 습득하는 시간도, 언어의 질도 달라집니다.

다른 하나는 언어라는 그릇에 담아야 할 생각과 감정의 문제를 한번 생각해봅시다. 어떤 사람이 아무리 어려운 단어와 정확한 문장을 사용한다고 해도 그 속에 적절한 생각을 담고 있지 않다면, 우리는 그 사람의 언어 사용이 적절하다고 말하지 않습니다. 우리는 정신이 온전치 못한 사람의 말을 들어본 적이 있을 것입니다. 단어나 문장이 틀리지 않는 경우가 많습니다. 그러나 그 사람의 말은 의미가 통하지 않기 때문에 결코 잘하는 말이 될 수 없습니다. 우리가 어떤 사람의 연설을 듣고 '아! 말 참 잘한다' 혹은 '말 참 못한다'라고 평합니다. 그것은 단어와 문장, 문법의 문제가 아니라 그 속에 담겨 있는 생각의 문제 때문입니다. 적절한 생각은 상황과 상대에 맞는 내용의 문제입니다. 마음이 괴로운 사람에게 위로하는 말, 자신감이 부족한 사람에게 자신감을 불러일으키는 말, 어떤 것을 성취해 뿌듯해하는 사람에게 칭찬하는 말 등은 모두 그 내용이 다릅니다. 이처럼 언어 발달이 잘된 사람들은 상황과 상대에 맞게 적절한 내용의 말을 적절한 단어와 문장으로 표현합니다.

요약하면, 언어 발달은 단어와 문장뿐만 아니라 생각의 문제까지 포함합니다. 언어 발달을 지도하기 위해서는 생각하는 힘, 단어와 문장, 상황과 상대에 맞는 말, 여러 가지 어법 등을 익히도록 해야 합니다. 그림책은 이 모든 것들을 총체적으로 지도할 수 있는 아주 훌륭한 매체입니다. 그림책을 단순히 단어와 문장을 가르치는 자료로만 사용할 것이 아니라, 이야기 속의 시공간적 배경, 상황, 등장인물의 생각과 감정 행위들에 관해 이야기를 나눔으로써 총체적으로 익히도록 지도할 수 있습니다. 그림책 읽기는 아이들에게 단어와 문장만을 익히는 죽은 언어가 아니라, 생각과 감정을 전하는 살아 있는 언어를 익히기에 아주 좋습니다.

다섯째, 그림책 읽기는 아이들의 '시각적 문식성(visual literacy)'을 길러줍니다. 시각적 문식성이란 이미지나 영상을 읽거나 창조해내는 능력입니다. 다시 말하면, 이미지를 보고 그 안에 포함된 의미를 해석하고 이해하며, 의미를 이미지로 표현해내는 능력이지요. 현대는 '이미지의 시대'입니다. 매 순간 이미지를 보지 않고 살아갈 수 없는 시대이지요. 이미지를 해석하고 창조하는 능력은 태어나면서부터 주어지는 것이 아니라 학습되는 능력입니다. 요즘은 학교에서도 이 능력을 길러주기 위해 많이 노력하고 있습니다.

'시각적 문식성'이라는 용어는 1960년대부터 본격적으로 사용하기 시작했습니다. 이 용어의 사용으로 그림은 단순히 보고 감상하는 것이 아니라, 읽고 쓰는 것이라는 개념으로 바뀌었습니다. 즉 '그림 보기'가 아니라 '그림 읽기'의 개념으로 바뀌게 되었다는 뜻입니다. 그림을 읽기 위해서는 그림 안에 사회적으로 소통할 수 있는 의미체계가 있어야 합니다. 마치 우리가 말 언어와 글 언어로 소통하기 위해서 언어의 체계를 익혀야 하듯이 그림 언어의 체계도 알아야 그림의 의미를 발견할 수 있다는 뜻입니다. 즉 언어에 문법이 있는 것처럼 그림에도 문법이 있다는 뜻입니다. 연구자들은 '그림 문법' 혹은 '시각 문법'이라는 말을 사용하기도 합니다.

아이들이 그림책을 볼 때 그림을 보는 것이 아니라 그림을 읽어야 이야기를 이해할 수 있습니다. 그런데 현대의 그림책들은 대부분 글보다는 그림 위주의 책들이 많습니다. 어떤 책들은 아예 글 없이 그림만 있는 책들도 있습니다. 이런 책들은 다 그림을 꼼꼼히 읽어서 그 의미를 이해해야 합니다. 그림책을 읽을 때 글만 대충 읽어줄 것이 아니라 그림을 꼼꼼히 읽도록 주의를 환기시켜야 합니다. 어른들이 주의를 환기시키기 전에 아이들이 스스로 그림을 자세히 보고, 그 의미를 해석하고 이해하기도 하지요.

   글을 최소화하고 그림을 위주로 한 그림책들은 대부분 현실과 환상을 오가며 아이들의 상상을 불러일으키는 책들이 많습니다. 그림만으로도 이야기의 주제를 아주 잘 표현하지요. 아이들은 이런 책들을 볼 때 기쁨의 비명을 지르곤 합니다. 아이들은 이런 책들을 대할 때마다 글이 아닌 그림을 보면서 시각적 이미지의 의미를 알고, 그림 속에 숨겨진 단서들을 찾아내어 이야기를 이해하고, 작가의 여러 가지 표현 기법들을 이용한 그림들을 보면서 환상의 세계를 마음껏 체험하지요. 아이들은 어른들보다 그림을 훨씬 더 세밀히 보고, 그림에 대해 다양한 반응을 보이곤 합니다. 이런 경험들을 통해 아이들은 시각적 심미감을 발달시키게 됩니다. 현대에는 말과 글로만 의사소통하는 것이 아니라, 시각적 이미지를 통해서도 의사소통합니다. 아이들이 이제는 이런 시각적 문식 능력 없이 세상을 살아가기가 어렵게 되었습니다. 그림책은 이런 시각적 소통 능력을 자연스럽게 길러줄 수 있는 아주 훌륭한 매체입니다. 그림책 읽기는 필수이기 때문입니다.

누리과정과 그림책 읽기

누리과정은 우리나라 3~5세 유아들을 위한 국가 수준의 표준 교육과정입니다. 2012년에 처음 시행되었다가 몇 차례 개정을 거쳐 2019년에 다시 개정된 누리과정은 통합 중심, 놀이 중심, 유아 중심의 교육과정입니다. 즉 교육 활동에 있어서 유아들의 자발적 선택과 결정권을 존중하는 교육과정이지요. 추구하는 인간상은 건강한 사람, 자주적인 사람, 창의적인 사람, 감성이 풍부한 사람, 더불어 사는 사람입니다.

추구하는 인간상을 위한 교육 실천은 첫째, 건강한 사람을 위해서는 유아들이 마음껏 뛰어놀고 세상과 즐겁게 교류하게 하는 것입니다. 둘째, 자주적인 사람은 유아들이 하고 싶은 놀이를 스스로 선택하고 주도하게 하는 것입니다. 셋째, 창의적인 사람은 유아들의 호기심과 상상력을 충족시키고, 궁금한 것을 탐구하게 하며, 창의적 과정을 적극적으로 즐기게 하는 것입니다. 넷째, 감성이 풍부한 사람은 다양한 사물과 매체, 자연, 동물 등을 통해 아름다움을 발견하고 느끼게 하는 것입니다. 다섯째, 더불어 사는 사람은 놀이를 통하여 자신과 친숙한 주변 세계와 관계 맺기를 즐기며 적극적으로 소통하도록 돕는 것입니다.

이상과 같은 교육 실천을 위해 누리과정은 교육 영역을 크게 다섯 가지로 나누고 있습니다. 1) 신체 운동·건강 영역 2) 의사소통 영역 3) 사회관계 영역 4) 예술 경험 영역 5) 자연 탐구 영역 등입니다. 이 영역들은 교육 내용을 빠트리지 않기 위한 수단일 뿐 실제로는 통합 중심, 놀이 중심, 학습자 중심의 교육과정입니다. 다섯 가지 영역의 교육 내용들이 교과식의 구분이 아니라는 뜻입니다. 예를 들면, 그림책에 관심 가지고 즐기기는 의사소통 영역에 포함되어 있습니다. 이것이 의사소통 능력만을 위한 교육 내용이 아니라는 뜻이지요.

다시 말하면, 아이들은 그림책을 읽음으로써 책 읽기의 즐거움을 알고, 독서에 대한 태도와 취향을 형성하기도 합니다. 이야기 속의 등장인물이 겪는 갈등과 문제를 보면서 인물에 공감하고 정서적으로 마음이 정화되기도 합니다. 평소에 충족하지 못했던 욕구, 결핍, 불안 등을 해결하면서 정서적 긴장과 이완을 체험하기도 하지요. 그림책 읽기는 아이들이 다양한 상황을 간접 경험하게 해 다른 사람에 대한 이해를 가능하게 만들며, 주변 세계를 이해시키기도 합니다. 또 말과 글을 익히게도 합니다. 이야기를 읽으면서 자연스럽게 상상하고 창의적으로 생각하게 됩니다. 도덕적 판단도 합니다. 아름다운 그림을 보면서 시각적 심미안을 기르기도 하지요. 다시 말하면, 의사소통 영역 안에 포함된 '그림책에 관심 가지기'는 역으로 누리과정이 제안하는 모든 교육 영역과 내용을 다 포함합니다. 누리과정이 지향하는 통합 중심, 놀이 중심, 학습자 중심의 교육 활동 방식과도 잘 맞아떨어집니다.

특별히 그림책은 창의적 인간상을 기르기에 가장 좋은 매체입니다. 그림책은 글과 그림을 통해 작가와 독자, 어른과 아이들 간에 소통을 가능하게 합니다. 이 과정에서 다양한 관점의 이야기를 듣고 의미를 해석하고 이해해야 합니다. 사고를 확장할 수밖에 없고, 상상의 세계에 빠져들 수밖에 없지요. 상상은 모든 창의적 활동의 근간이 됩니다. 창의적 활동은 무에서 일어나는 것이 아니라, 기존 지식을 기반으로 일어납니다. 그림책은 많은 생각거리를 제공하기 때문에 저절로 생각할 수밖에 없지요. 창의적 인간은 생각할 줄 아는 인간입니다. 생각을 다른 사람보다 쉽게, 다양하게, 많이, 독특하게, 유용하게 하는 사람이 창의적인 사람이지요. 그림책이야말로 누리과정이 추구하는 창의적 인간상을 기르기에 최고로 좋은 매체입니다.

그런데 누리과정은 구체적인 교육 실행 방법을 제시하지 않습니다. 각 교실에서 구조화되고 획일화된 교육과정을 실행할 것이 아니라 누리과정이 제시하는 교육목표를 달성하기 위해 개별 교사가 각 교실의 특성을 고려해 직접 교육 내용을 선정, 조직하는 방식입니다. 교사가 유아와 함께 상호작용하며 자신의 교실 상황에 맞게 교육과정을 재구성하라는 뜻이지요. 이런 교육과정은 매우 훌륭한 이론적 가치를 지니지만, 경험이 부족하거나 미숙한 교사에게는 구체적으로 아이들을 어떻게 지도해야 할지 혼란스럽고 당황스러

올 수 있습니다. 특히 '그림책에 관심 가지기'는 교사들이 사전 교육이나 예비 교사 교육에서 잘 다루어지지 않은 측면이 많습니다. 교사 양성을 위한 대학 교육과정에서 유아 문학 교육이나 언어교육에서 다루기는 하지만 그림책 읽기 지도 방법에 대한 구체적인 안내가 부족한 것이 사실입니다.

그림책 읽기의 의미와 가치, 좋은 그림책의 기준, 각 그림책이 지닌 특성, 그림책 읽기에서 유아들과의 구체적 상호작용 방법, 그림책을 읽고 난 다음 발문, 유아들의 반응 활성화 등 교사들이 유아들을 지도하기 위해서 알아야 할 내용이 너무 많습니다. 이 책은 이런 처지에 놓인 교사들을 위해 제작되었습니다. 이 책의 구체적인 활용 방법은 뒤에서 다시 이야기하겠습니다.

그림책 읽기 즐거움의 원천

캐나다의 유명한 그림책 학자 페리 노들먼(P. Nodelman)은 그림책 읽기의 즐거움이 세 가지 원천에서 나온다고 합니다.* 그것은 생각하기, 이야기하기, 나아가 다른 사람과 논쟁하기라고 합니다. 아이들이 그림책을 읽고 재미를 느끼려면 첫째, 책 자체가 재미있어야 합니다. 이 세상에는 수많은 그림책이 있습니다. 그 책들이 다 재미있는 것은 아닙니다. 특별히 재미있는 책들이 있습니다. 재미있는 책들은 대부분 생각거리를 많이 가진 책들이지요. 그림책 속에는 여러 가지 상징들과 숨겨진 의미들이 있습니다. 아이들이 책을 읽으면서 그 상징들을 분석하고 의미를 해석해, 직접적으로 드러나지 않은 의미를 찾아낼 수 있을 때 재미를 느낍니다. 그런 책을 우리는 생각거리가 많은 책이라고 합니다.

이런 책들은 아이들이 읽으면서 글과 그림이 전하는 이야기에

*Nodelman, P. (1992). *The pleasures of children's literature*, Longman, New York & London.

저절로 집중하게 됩니다. 즉 의미를 정확하게 해석하기 위해 추리, 추론, 비교, 분석, 판단, 예측, 상상하게 되지요. 이것이 바로 사고 활동입니다. 이런 사고 활동을 하면서 아이들은 작가의 생각과 자신의 생각을 주고받는 경험을 하게 되고, 자신의 사고를 확장하게 됩니다. 이럴 때 아이들은 재미를 느끼게 됩니다. 그림책이 단순히 정보를 전달하는 책이라면 그 정보를 그대로 수용하고, 기억하면 됩니다. 특별히 생각할 필요가 없습니다. 의미를 해석하고, 이해하기 위해 특별히 노력할 필요가 없다는 뜻이지요. 이런 책은 읽어도 공감과 감동을 느낄 수 없습니다. 공감과 감동이 없는 책은 재미도 없습니다.

둘째, 그림책 읽기의 즐거움은 책이 전하는 의미에 대해 자신의 생각과 감정을 표현하는 데 있습니다. 생각거리가 많은 책을 읽게 되면 아이들은 우선 마음속에 여러 가지 의문이 생기게 됩니다. '이것은 무슨 뜻일까?', '왜 이 상황에서 이런 말을 할까?', '그래서 어떻게 될까?' 등 수없이 많은 의문을 가지게 됩니다. 그 의문에 대한 답을 찾으려고 애쓰게 되고, 책을 자세히 탐구하기 시작합니다. 그 과정에서 아이들은 자연스럽게 자신의 생각과 감정들을 표출하게 됩니다. 이것은 매우 자연스럽고 당연한 현상입니다.

아이와 함께 그림책을 읽는 어른들도 그림책을 읽을 때 아이들이 자유롭고 편안하게 자신의 생각과 감정을 표현하도록 권장해야 합니다. 그것은 아이들의 생각을 더 풍요롭게 해주는 일이며, 그림책을 더 깊이 만족스럽게 이해하도록 돕는 일입니다. 사람들은 대체로 자신이 모르던 새로운 사실과 생각들을 접하면 놀라고, 불편해하기도 합니다. 여러 가지 방식의 탐구를 통해 자신의 생각을 바꾸려고 애쓰지요. 그것은 도전이며 고통입니다. 그러나 그것은 또한 즐거움입니다. 새로운 사실을 알고, 새로운 방식의 생각들을 하면 마음이 즐거워질 수밖에 없지요.

셋째, 그림책 읽기의 즐거움은 책 내용에 대해 서로 대화를 나누는 데 있습니다. 생각거리가 많은 책을 읽을 때 아이들은 같은 책이지만 다 다르게 읽습니다. 이것은 이해의 정도와 취향과 흥미가 다르기 때문입니다. 사전 경험이나 읽기 발달의 정도가 다르기 때문이기도 하지요. 같은 책이지만 책에 대한 반응은 다 다르게 나타납니다.

이렇게 다 다른 반응들을 만나는 건 또 다른 이야기를 만나는 것과 같은 것입니다. 같은 이야기를 듣고 그 이야기에 대한 자신의 생각과 다른 생각을 듣는 것은 다른 사람들과 유연하게 대화할 수 있는 능력을 길러줍니다. 책 읽기를 통해 얻게 된 자신의 이해와 감정이 어떤 것이든 그것에 집중하면서 다른 사람의 이해와 감정을 수용할 수 있는 능력이 생긴다는 뜻이지요. 우리 모두 서로 다른 개성과 경험을 가질 수 있다는 것을 알고, 그것을 서로 나누는 게 진정한 대화입니다. 이 대화는 우리 각자를 사회 구성원으로 연결시켜주는 기능을 하지요.

하나의 이야기, 그 이야기에 대한 또 다른 이야기를 통해 아이들은 다른 사람들을 서로 이해하게 되고 연결하게 됩니다. 자신의 생각에 또 다른 생각을 덧붙이게 되고, 함께 이야기를 풍성하게 만들어가지요. 서로의 반응을 통해 더 많은 것들을 배우고 느끼며 즐기게 됩니다.

 많은 학자들이 그림책 읽기의 목적은 즐김이라고 말을 합니다. 그 의미와 가치가 대단하다고 말합니다. 그러나 정작 그림책 읽기의 즐거움이 어디에서 나오는지에 대해서는 별로 말을 하지 않습니다. 《어린이 문학의 즐거움》이라는 책을 쓴 페리 노들먼이 21세기에 들어와서 처음으로 이 문제에 대해 말하기 시작했습니다. 앞에서 얘기한 세 가지는 이분의 생각을 빌려와 나름대로 정리해본 것입니다.

 그림책 읽기의 즐거움이 생각하기, 이야기하기, 다른 사람과 논쟁하기에서 나오는 것이라면, 아이들에게 그림책 읽기를 즐기게 하려면 어떻게 지도해야 할지 분명한 시사점을 발견할 수 있습니다. 그림책은 단순한 정보의 진술보다는 그 의미를 해석하고, 분석하고, 상상할 수 있는, 즉 생각거리가 많은 그림책을 골라 읽어야 합니다. 그림책을 읽을 때 자유롭게 반응하게 해야 하며, 그림책에 대한 서로 다른 생각들을 이야기해 다른 사람들의 생각들을 수용해서 자신의 생각을 수정, 보완하게 해야 합니다. 그것이 그림책의 의미를 깊게, 만족스럽게, 풍성하게 이해하는 길이며, 그림책 읽기를 즐기게 하는 길입니다.

이 책의 목적, 구성, 이용 방법

앞서 그림책 읽기의 목적은 즐거움이라고 했습니다. 그림책 읽기는 유아교육에서 매우 중요한 역할을 하며, 누리과정에서도 주요 교육 내용으로 삼고 있다고도 했습니다. 그런데 정작 그림책 읽기를 어떻게 지도해야 할지에 대해서는 설명하는 사람이 별로 없습니다. 그림책의 본질적 특성에 맞게 그림책 읽기를 지도하라는 사람들은 있는데, 구체적으로 어떻게 지도해야 할지 안내해주는 사람이 별로 없다는 뜻입니다. 교사 양성기관인 대학 교육에서조차 그림책 읽기 지도가 '유아문학교육'이라는 교과목 속에 한 장 정도 차지할 뿐입니다. 유아들의 그림책 읽기를 지도해야 하는 선생님이나 부모님들은 사실 어떤 그림책을 골라 어떻게 읽어야 하고, 어떻게 대화를 나누어야 할지 몰라 당황하고 계신 분들이 많습니다. 선생님들과 부모님들에게 그림책 읽기에 대한 강의를 하다 보면 '좋은 그림책 목록'을 달라는 분이나 책을 읽고 난 다음 아이들에게 어떤 질문을 하면서 대화를 나누어야 할지 가르쳐달라고 하시는 분들이 많습니다. 이 책은 그런 분들을 위해 만들었습니다. 아이들의 그림책 읽기를 어떻게 지도해야 할지 구체적으로 알려주기 위한 그림책 읽기 지도 안내서입니다.

그림책 읽기의 궁극적 목적은 즐거움이지만, 그 즐거움은 이야기 내용을 이해할 수 없다면 어렵습니다. 그림책 읽기 지도를 할 때 내용 이해에 초점을 맞추어야 합니다. 연구자들은 내용 이해 지도를 '읽기 전략(reading strategies) 지도'라고도 합니다. 그림책을 읽을 때 내용 이해에 도움이 되는 읽기 전략들을 지도하라는 뜻입니다. 읽기 전략들은 여러 가지가 있습니다. 예를 들면 글 내용을 사전 경험과 연결하기, 질문을 생성하고 답하기, 특정 장면을 시각화하기, 심상(mental image) 그리기, 상상하기, 추리·추론하기, 예측하기, 이해 점검하기, 종합하고 요약하기 등 다양한 전략들이 있습니다.

이 책에서는 이런 전략들에 대한 이론적인 설명을 시도하지는 않았습니다. 그것은 따로 책을 만들어야 할 것 같습니다. 이 책에서는 단지 오랫동안 아이들의 사랑을 받아온 책, 아이들에게 꼭 읽히고 싶은 책들을 골라 소개했습니다. 선정한 책들의 특성에 따라 가장 쉽게 읽기 전략 지도를 할 수 있도록 안내하였습니다. 즉 아이와 함께 그림책을 읽기 전, 중, 후에 아이들에게 적절한 질문을 던짐으로써 아이들의 사고를 유도하고, 특정 정보에 주의를 기울이게 하는 것입니다. 예를 들면 제목과 표지를 보면서 이야기 내용을 추리해보게 하고, 책을 읽는 동안 주인공의 감정이나 느낌에 대해 물어보고, 어느 부분에서는 읽기를 멈추고 다음에 무슨 일이 일어날지 예측해보게도 했습니다. 그림책을 다 읽고 난 후에는 책을 읽기 전에 혹은 중간에 예측한 내용이 맞았는지 확인해보게도 했습니다. 이런 질문들은 앞에서 열거한 여러 가지 읽기 전략들을 지도하기 좋은 것들로 구성했습니다. 책을 읽으면서 읽기 전략을 사용하는 건 이야기 내용을 잘 이해하기 위한 것입니다.

가정이나 유아교육 현장에서 그림책을 읽고 난 후 독후 활동에 초점을 맞추는 것을 많이 보았습니다. 그런데 그 독후 활동들이 그림책의 내용과 아무 상관이 없는 경우가 많았습니다. 예를 들면, 생일 파티에 관한 그림책을 읽고 생일 파티 놀이를 하는 것입니다. 생일 파티에서 주인공이 느꼈던 여러 가지 사건과 그 사건에 대한 생각과 감정에 대해서는 전혀 관심을 두지 않고, 이야기의 내용을 벗어난 활동을 더 중요하게 생각하는 경우이지요. 그림책 읽기 지도는 독후 활동보다는 이야기 내용 이해에 초점을 맞추고, 그 이야기가 우리에게 주는 감동과 지혜를 즐길 수 있도록 지도해야 합니다. 그 책에 대해 서로 묻고 답하면서 이야기를 나누는 것이 최상의 방법입니다.

그림책은 글과 그림으로 이야기를 전달하기 때문에 글도 읽어야 하고, 그림도 읽어야 합니다. 어른들이 아이와 함께 그림책을 읽을 때 글만 읽어주고 마는 경우가 있지요. 그림책 이해는 그림이 전하는 이야기도 이해해야 완전해집니다. 많은 그림책들은 글이 전할 수 없는 이야기를 그림이, 그림이 전할 수 없는 이야기를 글이 전하기도 합니다. 글과 그림이 각각 다른 정보들을 전할 뿐만 아니라 글과 그림이 묘한 관계를 이루며 글로도 그림으로도 전할 수 없는 제삼의 이야기를 만들어내기도 합니다. 아이들이 그림이 전하는 정보에 주의를 기울일 뿐 아니라 이 둘의 관계에도 주의를 기울일 수 있도록 그림을 자세히 살펴볼 수 있게 해야 합니다. 선정한 책마다 이를 위한 질문들을 준비했습니다.

이 책은 전체적으로, 우선 소개하는 책의 특성을 간단히 설명하고, 작가에 관해서도 간략하게 소개했습니다. 이야기 내용을 간단히 요약했으며, 세 가지 유형의 질문을 준비했습니다. 첫째는 이야기 내용 이해를 위한 질문이고, 둘째는 그림을 자세히 읽기 위한 질문이고, 셋째는 등장인물의 입장에서 감정이입을 위한 질문입니다. 마지막으로 이런 질문들을 할 때 질문의 근거나 방법들에 대해 간단하게 설명했습니다. 선생님들이나 부모님들이 책을 읽어주기는 해도 무엇을 어떻게 질문하고, 어떻게 대화를 나누어야 할지 몰라 헤매는 분들이 이 책을 읽고 아이들과 쉽게 상호작용할 수 있기를 바랍니다.

2020년에 새로운 누리과정이 시행되었고, 그 이전에 없던 '그림책에 관심 가지기'가 교육 내용으로 제시되었습니다. 어떤 책을 선정할 것인지, 어떤 방법으로 지도할 것인지에 대한 자세한 안내가 없어서 일선에 계신 선생님들이 당황스러워하고 있는 것이 사실입니다. 교사들이 사용할 수 있는 그림책 읽기 지도 안내서가 없어서 참고할 수 있도록 이 책을 시급히 출간합니다.

이 책에서 소개하는 그림책들은 순서를 지켜 차례대로 읽을 필요는 없습니다. 교육 현장의 특성에 맞게 골라서 사용하면 됩니다. 다만 고르시기 편하도록 주제별로 묶어서 소개했습니다. 교육 주제나 아이들의 관심과 흥미에 맞게 골라 읽으시면 됩니다. 교사들이 먼저 선정한 그림책을 읽고 내용을 숙지하시는 것이 좋습니다. 그런 다음 이 책에서 제시하는 질문을 중심으로 나누어야 할 대화에 대해 미리 생각해보시면 아이들과 상호작용하기가 훨씬 수월할 것입니다.

그림책을 함께 읽을 때 아이들이 자꾸 질문해오는 것을 나쁘게 생각하지 말아주세요. 아이들의 질문을 차단할 것이 아니라 오히려 권장하고 격려해주세요. 어른과 아이가 대화하는 것도 중요하지만 아이와 아이들이 대화하는 것도 매우 중요합니다. 같은 책을 읽고 다른 친구들은 어떻게 이해하고 느끼는지에 대해 아는 것은 아이가 사고를 확장할 수 있는 절호의 기회가 될 겁니다. 아이들은 글과 그림이 전달하는 이야기를 들으면서 이야기 속 등장인물, 사건, 배경 간의 관계에 대한 해석이나 작가의 의도에 대한 의미를 각자 나름으로 하게 됩니다. 교실 속 아이들은 저마다 자기의 발달 정도나 취미와 흥미에 따라 다양한 문학적 경험을 하기 때문이지요. 그림책을 이해하는 방식이나 느낌은 차이가 날 수밖에 없습니다. 이런 차이를 느끼면서 자신의 생각을 바꾸기도 하고 덧붙이기도 합니다. 이것이 세상 속에서 서로 관계를 맺으며 살아가는 방법입니다. 아이들은 혼자 그림책을 읽기보다 함께 읽는 것을 훨씬 더 재미있어 합니다.

그림책은 세상을 향한 창입니다. 다양한 이야기를 통해 아이들이 세상에 대한 지식과 삶에 필요한 지혜를 얻을 수 있도록 도와주시기 바랍니다. 그림책은 읽어도 되고 읽지 않아도 되는 것이 아니라, 아이들의 성장을 위해 어린 시절부터 반드시 읽어야 합니다. 이 책이 아이들에게 그림책 읽기의 즐거움을 아는 데 조금이라도 도움이 되었으면 좋겠습니다.

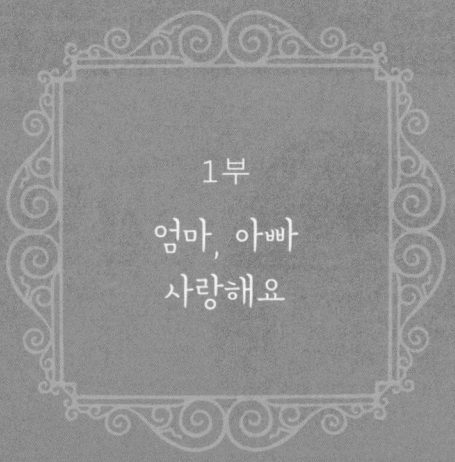

1부

엄마, 아빠
사랑해요

book_ 01

글·그림_ 앤서니 브라운

옮김_ 장은수

출판사_ 비룡소

추천 연령_ 만 3~5세

주제_ 아빠와 함께하고 싶은 마음

고릴라

이 책은 어떤 책인가요?

앤서니 브라운(Anthony Browne)의 책에는 이상하게 고릴라의 모습이 참 많이 등장합니다. 작가는 그 이유를 몇 가지로 설명합니다. 첫째, 고릴라의 얼굴이 매우 호소력이 짙다는 것입니다. 주름과 혹, 굳은살, 울퉁불퉁하게 오른 살, 털, 근육이 그렇다는 것이지요. 둘째, 고릴라가 사람과 무척 많이 닮았다는 겁니다. 셋째, 고릴라는 크고 강하고, 그러면서도 섬세한 작가의 아버지를 생각나게 한다는 것입니다. 넷째, 고릴라가 인간의 여러 내면적 측면들을 닮아 세상의 초현실적인 일면과 맥이 닿아 있기 때문이라고 합니다. 한마디로, 고릴라를 통해 인간의 마음을 표현하기 쉽다는 뜻입니다.

그림책을 읽어야 하는 많은 이유 중 하나는 사람의 마음을 읽는 법을 배우는 것입니다. 우리는 "꼭 말로 해야 아니?"라는 말을 자주하고 자주 듣습니다. 말하지 않아도 다른 사람의 마음을 읽을 줄 알아야 서로 사이좋게 지낼 수 있지요. 이 책은 특별히 '사람의 마음'에 관심을 가지게 하는 책입니다. 이 집의 딸 한나가 아빠와 함께 동물원에 가서 고릴라를 보고 싶은데 아빠는 언제나 바빠서 그렇게 하지 못합니다. 한나는 먼발치에서 아빠를 바라보기만 합니다. 이렇게 아빠에게 말도 걸지 못하는 한나의 쓸쓸한 마음이 잘 표현되어 있습니다.

이 책도 앤서니 브라운의 다른 책과 마찬가지로 그림이 많은 것을 말해줍니다. 그림이 독자에게 한나의 마음을 소리 없이 전해줍니다. 글과 그림이 함께 있으면서 따로따로 역할을 하기 때문에 이 책을 읽는 아이들이 책을 읽는 과정에서 역동성과 긴장감을 느낍니다. 그러면서 한나의 마음을 생생하게 느끼게 됩니다.

이 책의 작가는요?

이 책의 작가 앤서니 브라운(1946~)은 영국 요크셔의 셰필드에서 태어났습니다. 그의 작품들은 완벽한 구성, 간결한 글, 세밀하면서도 이색적인 그림들이 특징입니다. 그의 그림들은 마치 숨은그림찾기를 위한 그림처럼 기발한 아이디어로 충만합니다. 그의 책들은 대부분 깊은 주제를 지니고 있으며 그것을 간결하면서도 유머러스하게 표현합니다. 어린이들을 위한 작품이지만, 어른들이 사는 세상을 한 번쯤 깊이 생각해보라고 말하는 것 같습니다.

그는 1976년 《거울 속으로》를 발표한 이후 끊임없이 작품을 내놓아 책이 많습니다. 우리나라에는 현재까지 약 30여 권의 책이 번역되어 있습니다. 작가는 《고릴라》(1983)와 《동물원》(1992)으로 케이트 그린어웨이 상을, 2000년에는 그림책 작가로서 최고의 영예인 한스 크리스티안 안데르센 상을 수상했습니다. 《앤서니 브라운의 행복한 미술관》, 《우리 엄마》, 《우리 아빠》, 《우리 형》, 《숨바꼭질》, 《기분을 말해 봐!》 등은 잘 알려진 책들입니다. 지금도 세계 여러 나라에서 그의 작품 전시회가 열리고 있고, 그런 전시회에 70세 중반이 넘은 작가가 초빙되어 세계 여러 나라 어린이들과 만나고 있다고 합니다.

이 책의 줄거리는요?

주인공 한나는 책이나 텔레비전에서만 봐온 고릴라를 실제로 보고 싶어 합니다. 아빠와 함께 동물원에 가서 고릴라를 직접 보고 싶어 하지만 아빠는 언제나 바쁩니다. 생일 전날 아빠는 한나에게 고릴라 한 마리를 선물하겠다고 합니다. 그러나 그 고릴라는 실제 고릴라가 아니라 인형입니다. 한나는 실망해 인형을 방 한구석에 던져두지요. 그런데 한밤중에 굉장한 일이 일어납니다. 고릴라 인형이 진짜 고릴라가 된 것입니다. 고릴라가 아빠의 모자를 쓰고 아빠의 코트를 입고, 한나를 환상의 세계로 인도합니다. 함께 하늘을 날고, 영화를 보고, 음식을 같이 먹고, 잔디밭에서 춤을 춥니다. 이튿날 아침 한나는 그것이 꿈이었다는 사실을 알게 됩니다.

생일날 아침 한나의 아빠는 처음으로 따뜻한 애정을 보입니다. 둘은 함께 동물원으로 갑니다. 아빠의 주머니에는 고릴라에게 던져줄 바나나가 꽂혀 있고, 한나의 손에는 아빠가 선물로 준 고릴라 인형이 쥐어져 있습니다. 앤서니 브라운의 다른 책들도 그렇듯이 이 책에서도 등장인물의 성격에 변형이 일어납니다. 차갑고 고고

한 아빠가 따뜻하고 다정한 아빠로 바뀐 것입니다.

이 책을 읽고 이렇게 이야기를 나누어보세요.

1. 이야기 알기

    1) 한나가 아빠와 함께하고 싶었던 것이 무엇이었을까요?

    2) 한나는 아빠랑 함께 동물원에 갔을까요?

2. 그림 자세히 살피기

    1) 본문 2쪽, 한나는 아빠와 함께 아침을 먹으면서 무슨 생각을 하고 있을까요?

    2) 본문 28쪽, 한나 아빠가 한나에게 무슨 말을 하고 있을까요?

3. 등장인물 되어보기

    1) 한나는 아빠와 함께 동물원에 가고 싶은데 아빠가 바빠서 가지 못했을 때 어떤 마음이었을까요?

    2) 꿈속에서 고릴라랑 함께 돌아다니며 구경도 하고 맛있는 음식도 함께 먹을 때 한나는 어떤 기분이었을까요?

이야기를 나눌 때 이런 점을 유의하세요.

이 책에서는 특별히 세 장면이 중요합니다. 첫 번째 장면은 아빠와 한나가 식사하는 장면입니다. 이 장면은 아빠의 차갑고 고고한 성품뿐만 아니라, 아빠와 한나의 심리적인 거리를 잘 보여주지요. 두 번째 장면은 환상 속에서 고릴라가 한나와 가슴을 맞대고 눈빛을 마주하며 이것저것 맛있는 것을 함께 먹는 장면입니다. 이 장면에서 고릴라는 다정한 아버지상을 암시합니다. 마지막 장면은 아빠가 따뜻한 색깔의 옷을 입고 바나나를 주머니에 꽂고, 한나에게 무엇인가 다정하게 속삭이는 장면입니다. 환상 속에서의 다정한 고릴라가 현실에서 더없이 다정한 아빠가 된 것이지요.

한나는 아빠랑 손잡고 함께 동물원을 가고 싶어 합니다. 그러나 현실은 그것이 허락되지 않지요. 한나는 가슴 가득 결핍을 느낍니다. 그런데 꿈속에서 고릴라를 만나지요. 고릴라가 아빠의 모습을 하고 나타난 것입니다. 현실에서 한나가 원하던 모든 것들을 환상세계에서 채우게 됩니다. 아침이 되어 환상에서 현실로 돌아왔을 때 한나의 마음에는 아빠에 대한 원망이나 미움이 다 없어졌습니다. 게다가 아빠는 시간을 내어 한나와 함께 동물원에 갈 채비를 하고, 다정하게 말을 걸어옵니다.

아이들의 욕구, 원함, 결핍, 갈등, 긴장, 불안 등 내면세계의 문제들이 환상적 경험을 통해 해소되고 충족되고 치유되지요. 작가는 이런 문제들을 이 책에서 다루고 있습니다. 앞에서 말한 세 가지 주요 장면들을 중심으로 이야기를 나누면 작가의 이런 의도가 자연스럽게 충족될 것 같습니다.

book_ 02

글·그림_ 유타 바우어

옮김_ 이현정

출판사_ 비룡소

추천 연령_ 만 3~5세

주제_ 엄마 사랑

고함쟁이 엄마

이 책은 어떤 책인가요?

이 책은 간결한 그림과 짧은 문장으로 이루어진 멋진 그림책입니다. 아이들은 쉽게 공감하고, 어른들은 자신을 깊이 반성하게 되는 책이지요. 아이들도 이 책을 매우 재미있어 하지만 어른들이 더 좋아하는 것 같습니다. 2001년 독일 아동문학상을 받은 작품입니다.

엄마 펭귄이 무슨 일인지 모르지만 화가 머리끝까지 솟아 소리를 꽥 지릅니다. 아기 펭귄은 깜짝 놀라 몸이 산산조각 나지요. 그 조각들이 우주로까지 흩어집니다. 아기 펭귄은 아무 것도 할 수 없습니다. 생각할 수도 움직일 수도 눈을 깜빡거릴 수도 없습니다.

엄마가 된다는 건 이루 말할 수 없는 감동이고 기쁨이지만, 실제로 아이를 키울 때는 마치 전쟁을 치르는 것 같을 때가 많지요. 아이의 마음이 다치지 않게 조심조심 키워야 한다는 건 모르는 바가 아니지요. 그러나 때로는 나도 모르게 소리를 지르고 야단을 치게 됩니다. 그런 후에는 또 얼마나 마음이 아프고 미안한지요.

미안한 마음으로 엄마는 아이를 다시 보듬고 달래면서 살아가기를 반복합니다. 아이들은 또 그런 과정들을 겪으면서 몸이 자라고 정신도 자랍니다.

이 책의 작가는요?

이 책의 작가, 유타 바우어(Jutta Bauer, 1955~)는 현재 독일에서 가장 뛰어난 그림책 작가로 인정받고 있습니다. 독일 함부르크에서 태어나 그곳에서 자랐습니다. 함부르크 디자인 전문학교에서 공부하고 졸업 후 그림책 작가로, 여성 잡지의 카툰 작가로 일해왔습니다.

우리나라에서는 작가의 이름을 기억하는 사람이 그리 많지 않습니다. 그동안 다소 생소하고 어렵게 느껴지는 독일어권의 그림책이 많이 소개되지 않은 탓이라고 말하는 사람도 있습니다. 작가의 이름은 잘 기억하지 못해도 《고함쟁이 엄마》를 기억하는 사람은 많습니다. 아이나 어른들에게 모두 감동을 주는 책이기 때문입니다.

2001년 《고함쟁이 엄마》로 독일 아동 청소년 문학상을 수상했으며, 2002년에는 《할아버지의 천사》가 '독일의 가장 아름다운 책'에 뽑혔습니다. 2010년 한스 크리스티안 안데르센 상을 받았습니다. 그 외에 작가가 쓰고 그린 책에는 《셀마》, 《율리와 괴물》, 《색깔의 여왕》, 《호저 찰리와 멍멍이 벨로》, 《숲 속 작은 집 창가에》 등 지금까지 40여 권의 책들이 있습니다.

이 책의 줄거리는요?

오늘 아침, 엄마가 나에게 소리를 질렀어요. 나는 너무 놀라 온몸이 산산조각 나버렸어요. 그 조각들은 전 세계 각지로 날아가버렸습니다. 머리는 우주로, 몸은 바다로, 날개는 밀림으로, 부리는 산꼭대기로 날아가버렸습니다. 두 발은 그 자리에 있었지만 마구 달리기 시작했어요. 내 몸을 찾아보기 위해서였지요. 저녁 무렵, 두 발이 사하라 사막 근처에 도착했어요. 몹시 지쳐 있었습니다. 그런데 갑자기 커다란 그림자가 드리웁니다. 엄마 펭귄이 배를 타고 흩어져버린 아기 펭귄의 몸들을 찾아서 모으고 있었던 것입니다. 엄마 펭귄은 방황하는 발까지 찾아 정성스레 꿰매줍니다. 그리고 "아가야, 미안해." 하고 안아줍니다.

이 책을 읽고 이렇게 이야기를 나누어보세요.

1. 이야기 알기

    1) 엄마가 언제 고함을 지르나요? 엄마가 고함을 지를 때 여러분은 어땠나요?
    2) 엄마가 소리를 지를 때 아기 펭귄의 몸이 어떻게 되었나요? 몸이 산산조각 났다는 것은 무슨 뜻일까요?

2. 그림 자세히 살피기

    1) 표지에서 엄마와 아기 펭귄은 무엇을 하고 있나요?
    2) 본문 18쪽, 엄마 펭귄은 무엇을 하고 있나요?

3. 등장인물 되어보기

    1) 여러분은 몸이 흩어져버린 듯한 느낌을 느껴본 적이 있나

요? 그때 기억을 떠올려보고 마음이 어땠는지 자세히 말해 보세요.
2) 엄마 펭귄은 아기 펭귄을 정말 사랑할까요? 왜 그렇게 생각하나요?

이야기를 나눌 때 이런 점을 유의하세요.

이 책은 아이가 엄마를 어떻게 바라보고 있는지를 말해줍니다. 우리는 우리 자신이 힘들고 억울하고 슬프고 화가 나는 등 자신의 감정을 바라보는 일에 너무 바쁘고 또 익숙합니다. 그래서 아이의 마음을 살필 겨를이 없지요. 아이는 엄마의 속마음을 이해하기 어렵지요. 엄마의 입장에서, 아이의 입장에서 속마음을 들여다보게 해주는 책입니다. 이런 책은 엄마와 아이가 각자 바로 자신을 대입해서 책 내용을 이해하는 것이 좋습니다. 앞의 질문들은 그런 차원에서 구성한 것들입니다. 질문들을 중심으로 자연스럽게 우리 엄마, 우리 아이의 이야기로 바꾸어 대화를 나누시기 바랍니다.

book_ 03

글·그림_ 마저리 플랙

옮김_ 양희진

출판사_ 비룡소

추천 연령_ 만 3~5세

주제_ 엄마 사랑

곰 아저씨에게 물어 보렴

이 책은 어떤 책인가요?

오랫동안 아이들의 사랑을 받아온 책은 반드시 이유가 있는 것 같습니다. 이 책은 출간된 지 90년이 넘었지만 전 세계 아이들이 여전히 좋아하는 책입니다. 이 그림책이 출간된 미국뿐만 아니라 세계 여러 나라 어린이들이 다 좋아하는 책이지요.

대니는 엄마에게 줄 생일 선물을 결정하기 위해 여러 동물들을 찾아 나섭니다. 맨 마지막에 만난 곰 아저씨의 조언대로 엄마에게 선물을 합니다. 무슨 선물이었을까요? 모든 인간관계는 의외로 간단할 수 있습니다.

이 책을 소개하기 위해 다른 사람들은 이 책을 어떻게 생각하고 있는지 여러 곳에서 독자 후기를 찾아 읽었습니다. 우리나라 독자 후기들은 한결같이 '그림이 마음에 들지 않는다'라고 쓰고 있습니다. 그런데 외국 사람들은 그림이 매우 사실적이어서 좋고, 각 동물들의 성격이 잘 드러나서 좋고, 그림이 따뜻해서 좋다고 말합니다. 그 어느 쪽이든 분명한 것은 아이들이 이 책을 매우 좋아한다는 사실이지요.

이 책은 비교적 글 밥이 많은 책입니다. 그러나 반복적이어서 리듬감이 있습니다. 아이들이 읽기에 그렇게 부담스럽지 않습니다. 아이들이 대부분의 내용을 쉽게 이해하고 암기합니다. 아이들과 함께 읽으면 의외로 즐거운 시간을 가질 수 있습니다.

이 책의 작가는요?

마저리 플랙(Marjorie Flack, 1897~1958)은 미국 뉴욕 롱아일랜드 그린포트에서 태어났습니다. 완다 가그(Wanda Gag)에 이어 미국 그림책의 기초를 다진 작가입니다. 서정적인 문장과 단순한 내용, 사실적인 그림이 특징인데 동물의 행동을 묘사하는 데 특별한 재주를 가졌다고 합니다. 작가의 그림책에 나오는 동물들은 감정을 지닌 생생한 캐릭터로 등장합니다.

작가는 1933년 쿠트 와이즈(Kurt Wiese)가 그림을 그린 '돼지에 관한 이야기'로 일약 스타 그림책 작가가 되었으며, 이후에도 많은 작품을 발표했습니다. '앵거스' 시리즈 외에 《띳띳띳 꼴찌 오리 핑 이야기》 등은 매우 잘 알려진 책들입니다.

현재 그의 아내 달린 에닉스-바눔(Darlene Enix-Barnum)과 손자인 팀 바눔(Tim Barnum)이 마저리 플랙 상을 제정해 창의적인 작가들을 후원하고 있습니다.

이 책의 줄거리는요?

주인공 대니는 엄마에게 아주 완벽한 생일 선물을 주려고 합니다. 무엇을 골라야 할지 고민입니다. 여러 동물들을 만나 엄마에게 무엇을 선물하면 좋을지 물어보기로 합니다. 암탉은 달걀을, 거위는 깃털을, 염소는 치즈를, 양은 양털을, 암소는 우유랑 크림을 주겠다고 말하면서 엄마에게 선물하라고 말합니다. 그러나 대니는 그것들이 다 마음에 들지 않습니다.

마지막으로 암소를 찾아갔더니 곰 아저씨에게 물어보라고 말합니다. 대니는 다 같이 곰 아저씨를 만나러 가자고 제안합니다. 늘 같이 다니던 다른 동물들이 다 싫다고 돌아섭니다. 어쩔 수 없이 대니 혼자 곰을 만나러 갑니다.

곰은 대니에게 귓속말로 뭐라고 속삭입니다. 뭐라고 속삭였을까요? 대니는 무척 만족해하면서 집으로 돌아갑니다. 대니는 엄마를 꼬옥 껴안아주었습니다. 이것이 엄마에게 주는 선물이라고 말하지요. 엄마는 만족했을까요?

이 책을 읽고 이렇게 이야기를 나누어보세요.

1. 이야기 알기
   1) 대니는 엄마에게 줄 생일 선물을 구하기 위해 고민합니다. 왜 고민했을까요?
2. 그림 자세히 살피기
   1) 본문 21쪽, 대니가 만난 동물들의 이름을 차례로 말해보세요.
   2) 본문 24쪽, 대니가 혼자 곰 아저씨를 만나러 갈 때 다른 동물들은 무엇을 했나요? 왜 그랬을까요?

3. 등장인물 되어보기

　1) 대니가 곰 아저씨를 만나 귓속말을 듣고 엄마에게로 달려갈 때 기분이 어땠을까요?

　2) 대니가 엄마를 '꼬옥' 안아주면서 "이게 내 선물이에요, 엄마!"라고 했을 때 엄마는 마음이 어땠을까요?

이야기를 나눌 때 이런 점을 유의하세요.

　그림책은 글과 그림으로 이야기를 전하는 책입니다. 작가들은 이야기를 만들 때 가능하다면 그것이 가장 재미있고, 이해하기 쉽고, 아이들이 몰입할 수 있게 만듭니다. 그러기 위해 여러 가지 '서사 장치'들을 사용하지요. 그중 하나가 수사법입니다. 이 책에도 중요한 수사법이 사용되고 있습니다. 즉 반복법과 점층법이지요. 대니가 엄마에게 줄 생일 선물을 결정하기 위해 여러 동물들을 만나 같은 질문을 반복합니다. 동물들은 크기가 작은 것에서부터 점차 큰 동물로 이어집니다. 마지막에는 가장 덩치가 크고, 무서운 곰 아저씨를 만나러 갑니다. 그러면서 이야기는 점차 고조되지요. 아이들은 이것을 즐깁니다. 이 책을 읽을 때는 이런 고조되는 긴장감이나 반복적인 리듬을 즐기는 것이 좋습니다. 지금까지 만난 동물들이 함께 다른 동물을 만나러 갈 때마다 그림을 보면서 엄마와 아이가 함께 동물 이름을 불러가며 책을 신나게 읽으면 아이들은 참 재미있어 할 것입니다.

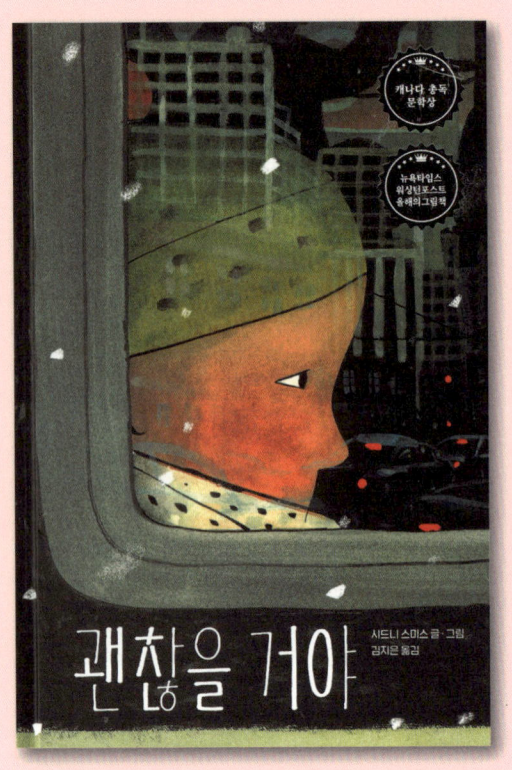

book_ 04

글·그림_ 시드니 스미스

옮김_ 김지은

출판사_ 책읽는곰

추천 연령_ 만 3~5세

주제_ 보살핌, 관심

괜찮을 거야

이 책은 어떤 책인가요?

《바닷가 탄광 마을》, 《거리에 핀 꽃》의 그림 작가로 잘 알려진 시드니 스미스(Sydeny Smith)가 글도 쓰고 그림도 그린 첫 작품입니다. 출간되자마자 세계의 이목을 끌게 된 책이지요. 그림책 관련 상이란 상은 다 휩쓴 것 같습니다. 이 책은 작은 꼬마의 눈으로 거대한 세상을 바라보는 명상적 이야기이지요. 원제는 'Small in the City'입니다.

잃어버린 고양이를 찾아 낯선 도시를 헤매는 작은 꼬마의 이야기입니다. 작은 꼬마가 이 거대한 도시에서 살아간다는 것이 얼마나 두려운 일인지 아이의 섬세한 마음을 멋지게 표현하는 책입니다. 작은 아이는 길을 잃고 헤매는 곤경에 처한 고양이를 찾아 다니며, 이것저것 여러 가지 좋은 충고와 부디 무사하기를 바라는 응원의 메시지를 계속해서 보내고 있네요. 네가 혼자가 아니라는 사실을 알면 두려움이 덜할 것이고, 네가 너무 작아 사람들이 잘 못 볼 거니 너무 두려워하지 말라고도 합니다. 짧은 길이 좋기도 하지만 너무 어두운 길은 가지 말라고 합니다. 그리고 세상은 참 힘들기도 하지만 쉴 만한 곳도 있다고 말합니다.

이 책을 읽고 있으면 꼭 우리 엄마가 간절한 마음으로 내게 속삭이고 있는 것 같습니다. 이 거대한 세상에서 미약한 존재로 살아가고 있지만, 부디 유혹에 빠지지 말고, 너무 겁내지 말고, 뚜벅뚜벅 힘차게 살아가라고 말입니다. 세상은 좋아할 만한 것들도 꽤 많이 있으니 더러는 그것들을 좀 즐기면서 살아가라고 말입니다.

이 책은 메시지뿐만 아니라 그림 또한 가슴이 멍할 정도로 아름답습니다. 거대한 도시의 모습, 그 속의 어린 꼬마가 매우 섬세하고 감동적으로 그려져 있습니다. 글과 그림의 조화를 통해 이야기를 끌어내는 작가의 탁월한 능력이 돋보이는 책입니다. 이 감동적인 이야기를 온전히 다 내 것이 될 때까지 가슴에 끌어안고 마구 뒹굴고 싶은 느낌을 주는 책입니다.

이 책의 작가는요?

이 책의 작가 시드니 스미스는 《거리에 핀 꽃》, 《바닷가 탄광 마을》을 비롯해 수많은 어린이 책에 그림을 그렸습니다. 전 세계 독자들은 그가 출간하는 책마다 거의 열광을 합니다. 케이트 그린어웨이 상, 에즈라 잭 키츠상, 보스턴 글로브 혼북 명예상, 캐나다 총독 문학상, 〈뉴욕타임스〉 올해의 그림책 상, 퍼블리셔스위클리 올해의 그림책 상, 커커스리뷰 올해의 그림책 상 등 그림책 관련 상은 거의 다 받은 것 같습니다.

작가는 캐나다 노바스코샤주의 핼리팩스라는 작은 시골에서 태어나 아직도 그곳에서 살고 있지요. 노바스코샤 예술대학에서 드로잉과 판화를 공부했다고 합니다. 그는 어려서부터 그림에 관심이 있었던 것이 아니라 12세쯤 부모님들이 헤어지면서부터 그림에 관심을 가지기 시작했다고 합니다. 친구들과 그림으로 소통하는 게 좋았다고 합니다. 작가는 그림은 아는 것이 아니라, 이해하는 거라고 말합니다.

이 책의 줄거리는요?

한 아이가 버스에서 차창 밖을 바라보며 근심 어린 눈빛을 하고 있습니다. 차창 밖은 고층 빌딩들이 늘어서 있고, 인파들이 붐비고 있습니다. 아이는 버스에서 내려 길을 걸으며 마음속의 말을 쏟아냅니다. 아이는 '이 도시에서 작은 몸으로 산다는 게 어떤 건지 안다'고 말합니다. 사람들은 무표정한 얼굴로 작은 꼬마를 지나치며 걷고 있습니다. 건널목에서는 택시들이 빵빵거리고, 공사장에서는 쿵쾅거리는 소리가 멈추지 않습니다. 아이는 소란하고 무심한 이런 거리를 한 발 한 발 내딛고 있습니다. 끊임없이 무엇인가를 주문하듯 되뇌이면서 말이지요. '괜찮을 거야.' 큰길을 지나 짧은 길을 만나지만 너무 어두운 길은 가지 않는 것이 좋다고 말합니다. 앞마당에 커다란 개가 세 마리나 있는 건물 쪽으로도 가지 않는 게 좋다고 말합니다. 그런데 세상은 이처럼 무섭고 피해야 할 곳들만 있는 것이 아니라고 말합니다. 잠시 몸을 숨기기 좋은 뽕나무 덤불도 있고, 따뜻한 바람이 나오는 통풍구도 있습니다. 아이는 도시 곳곳을 다니며 가로등 앞에서 멈춰 서서 무엇인가를 붙입니다. 종이에는 소중한 고양이를 찾는다는 내용이 적혀 있습니다.

이 책을 읽고 이렇게 이야기를 나누어보세요.

1. 이야기 알기

   1) 아이는 거리를 돌아다니며 누구에게 무슨 말을 하고 있었나요?
   2) 아이는 왜 그런 말을 했을까요?

2. 그림 자세히 살피기

   1) 표지에 나오는 아이의 얼굴 표정을 보고 어떤 이야기가 나올지 말해보세요.
   2) 본문 24쪽, 아이가 전봇대에 붙인 분홍 종이에는 무슨 말이 적혀 있었을까요?

3. 등장인물 되어보기

   1) 생선 가게 앞을 지나며 아이는 무엇을 걱정했을까요?
   2) 분홍 종이를 다 붙이고 바람이 쌩쌩 부는 곳에 가만히 서서 아이는 무슨 생각을 했을까요?

이야기를 나눌 때 이런 점을 유의하세요.

이 이야기는 명상적 이야기입니다. 사람에 따라 연령에 따라 다르게 느끼고 이해할 수 있는 책이지요. 아이들의 수준에서, 또 어른들의 수준에서 얼마든지 즐길 수 있는 책입니다. 작가는 실생활에서 느끼는 아이들의 여러 가지 마음들을 섬세하게 표현하면서 삶이 지니고 있는 통렬한 진리를 말하고 있지요. 작가가 전하고 싶어 하는 이 강렬한 메시지를 아이들이 다 이해하지 못해도 괜찮습니다.

그저 고양이를 찾아다니며 걱정하는 아이의 따뜻한 마음을 느끼고 이해하는 것만으로도 족합니다. 이 책은 한 번 읽고 훌쩍 던져버릴 책이 아니라 두고두고 생각하고 읽게 되는 책입니다. 그때마다 이해가 달라질 것입니다. 책을 읽을 때 책이 전하는 심오한 의미를 다 이해하지 못한다고 걱정하지 말고 즐겁게 아이의 말에 공감하면서 함께 읽으면 좋겠습니다.

book_ 05

글·그림_ 이언 포크너

옮김_ 서애경

출판사_ 베틀북

추천 연령_ 만 3~5세

주제_ 엄마 사랑

그래도 엄마는 너를 사랑한단다

이 책은 어떤 책인가요?

아이들이 어떻게 사는지 하루만 지켜보세요. 정말 장난 아닙니다. 소리를 질러대고, 이쪽저쪽 뛰어다니고, 부딪치고, 넘어져서 울고불고 난리입니다. 아이가 뛰노는 장소는 전쟁터 같겠지요. 아이들에게 이런 에너지가 어디서 솟아나는지 모르겠습니다.

'올리비아' 시리즈로 유명한 이언 포크너(Ian Falconer)는 아이들의 이런 속성들을 어떻게 이렇게 멋지게 그려놓았을까요? '올리비아' 시리즈는 아이들의 세계를 아이들의 눈으로 그려놓은 책들입니다. 이 책은 이 시리즈 중 첫 번째로 출간한 책입니다. 칼데콧 상을 수상한 작품입니다.

주인공 올리비아는 매우 활동적인 돼지 아가씨입니다. 아니 활동적이다 못해 과잉행동장애가 있는 아이가 아닌가 하는 생각마저 듭니다. 작가는 이 활동성을 빨간색 하나로 처리합니다. 색의 효과를 극대화한 것이지요. 어른들의 눈에는 매우 성가시겠지만 올리비아는 뭐든지 하고 싶고, 또 뭐든지 잘합니다. 어쨌거나 올리비아는 단 1분도 쉬지 않습니다. 심지어 자면서까지 노래를 부릅니다. 올리비아가 이처럼 세상을 힘차고 요란하게 살 수 있는 힘은 어디서 나오는 것일까요? 이래도 저래도 끝까지 자신을 사랑해주는 엄마가 있기 때문이 아닐까요? 세상 모든 아이의 모습과 그 아이들을 지켜봐주는 엄마의 마음을 담은 아주 멋진 그림책입니다.

이 책의 작가는요?

이언 포크너(1959~)는 미국 코네티컷에서 태어났습니다. 뉴욕의 파슨스 스쿨 오브 디자인과 LA의 오티스 아트 인스티튜트를 다녔습니다. 피카소와 마티스의 영향을 많이 받았다고 합니다. 그는 그림 그리는 일 외에도 뉴욕시립발레단, 샌프란시스코 오페라하우스, 로열 오페라하우스, 코벤트 가든 같은 공연 무대의 세트와 의상을 디자인하는 일도 하고 있습니다.

이 책은 이언 포크너의 첫 그림책입니다. 작가의 어릴 적 경험에 바탕을 두었다고 합니다. 책에서 작가는 검정, 빨강, 하양의 세 가지 색만을 사용해 표현을 극대화하고 있습니다.

이 책의 줄거리는요?

책의 주인공은 빨간색 원피스를 입고 있는 돼지 아가씨입니다. 이름은 올리비아입니다. 올리비아는 활동적이다 못해 과잉행동장애가 아닌가 하는 생각이 들 정도입니다. 올리비아는 뭐든지 하고 싶고, 뭐든지 잘하는, 게다가 예술성까지 뛰어난 아주 멋진 아가씨입니다. 노래도 잘 부르고, 춤도 잘 추고, 줄넘기도 잘하고, 옷 입는 것도 좋아합니다. 옷은 모두 빨간색뿐이지만 그래도 한 번 옷을 입기 시작하면 옷이란 옷은 모두 다 입어보아야 직성이 풀립니다.

그림도 좋아해 미술관에서 그림을 보면 집에 와서 벽에다 그림을 그립니다. 벽에 그린 그림은 잭슨 폴록(Jackson Pollock)의 그림 못지않습니다. 책 읽기도 좋아합니다. 잠잘 때 엄마에게 책을 5권 읽어달라고 조릅니다. 협상하여 3권만 읽기로 합니다. 엄마만 지쳐 쓰러지는 것이 아니라 올리비아도 지쳐 쓰러집니다. 그러나 엄마는 올리비아를 꼭 껴안고 말합니다. "너는 정말 나를 지치게 만들어. 그래도 엄마는 너를 사랑한단다." 올리비아는 잠이 들어도 활동을 계속합니다. 꿈속에서 오페라 가수가 되어 노래를 부릅니다.

이 책을 읽고 이렇게 이야기를 나누어보세요.

1. 이야기 알기

    1) 올리비아를 좋아하나요? 왜 그런가요?
    2) 올리비아가 잘하는 것 세 가지만 말해보세요. 여러분이 잘하는 것 세 가지만 말해보세요.

2. 그림 자세히 살피기

    1) 본문 10~11쪽, 올리비아의 옷들은 올리비아에게 잘 어울리나요? 여러분들도 이런 옷을 입고 싶나요?
    2) 본문 24쪽, 올리비아가 벽에다 그린 그림에 대해 생각나는 대로 다 말해보세요.

3. 등장인물 되어보기

    1) 올리비아가 미술관에서 보았던 그림을 벽에다 그렸을 때 엄

마의 마음은 어땠을까요?
2) 올리비아는 잠자기 전에 엄마에게 왜 책을 5권이나 읽어달라고 했을까요?

이야기를 나눌 때 이런 점을 유의하세요.

좋은 그림책의 조건은 여러 가지입니다. 그중 가장 중요한 조건은 아이들의 마음을 사로잡을 수 있는 등장인물입니다. 그림책은 짧고 간결하지요. 대체로 16장면 이내의 분량으로 이야기를 끝내야 합니다. 이 짧고 간결한 흐름에서 아이들의 마음을 사로잡아야 하는데 작가의 입장에서 보면 결코 쉬운 일이 아닙니다. 연구에 따르면 마음을 사로잡을 수 있는 인물은 크게 네 가지 특성을 가진다고 합니다. 첫째는 자기나 자기 주변 인물과 닮은 인물, 혹은 닮고 싶은 인물, 둘째는 표정과 감정을 가진 인물, 우스꽝스러운 인물, 셋째는 동물과 인간의 경계를 넘나드는 인물(동물이지만 인간처럼 느껴지는 동물), 넷째는 환상과 현실을 자유자재로 넘나드는 인물이라고 합니다.

올리비아는 이 네 가지 특성을 다 가지고 있는 것 같습니다. 그래서 아이들이 열광하는 것 같아요. 올리비아의 세계는 아이들의 세계이고, 올리비아의 마음은 곧 아이들의 마음입니다. 이 책을 읽으면서 아이들이 올리비아가 되어 마음껏 경험하고 상상을 펼쳤으면 좋겠습니다. 아이들이 올리비아가 되어 무엇을 가장 좋아하는지, 무엇을 하고 싶어 하는지, 언제가 가장 좋은지 등을 말하게 하십시오. 아이들의 입에서 엉뚱한 이야기가 나오더라도 그것이 바로 아이의 마음입니다. 아이의 속마음을 읽을 수 있는 절호의 기회라고 생각해보세요.

book_ 06

글·그림_ 윌리엄 스타이그

옮김_ 이상경

출판사_ 다산기획

추천 연령_ 만 3~5세

주제_ 부모 사랑

당나귀 실베스터와 요술 조약돌

이 책은 어떤 책인가요?

문학적 요소(인물, 배경, 주제, 구성)들을 고루 잘 갖춘 훌륭한 책입니다. 책이 아이들에게 던지는 메시지도 뛰어납니다. 가족의 행복에 대해 많은 것들을 생각하게 합니다. 생각거리들을 분명하게 드러내는 것이 아니라 은유를 사용해 제시합니다. 독자는 작가가 제시하는 글에 대해 많이 생각하고 상상하고 해석하게 되지요.

또한 아이들의 성장 과정에서 겪는 분리 불안의 특징들을 잘 보여줍니다. 분리 불안은 현재 상황과는 무관하게 부모와 떨어지게 되거나 부모가 옆에 없다고 예상될 때 아이들이 과도하게 느끼는 걱정, 근심, 두려움 등의 심리적 현상을 말합니다. 아이들은 학교에 가거나 집을 떠나 심부름을 하거나 혹은 잠들 때 부모와 영원히 이별할 수 있다는 생각을 종종 하곤 하지요. 이것은 아이들에게는 커다란 심리적 고통입니다.

이 책은 이런 문제들을 다룸으로써 아이들이 현실과 상상을 구분하고 이런 불안감을 극복할 수 있는 좋은 자료로 활용할 수 있습니다.

이야기는 단순합니다. 그러나 상황을 재미있고 유머러스하게 그려냅니다. 아이들이 좋아할 만한 마법과 같은 소재와 친근감 있는 동물들을 인물로 등장시킴으로써, 아이들이 흥미롭게 읽고 쉽게 이해할 수 있는 책입니다.

이 책의 작가는요?

이 책의 작가, 윌리엄 스타이그(William Steig, 1907~2003)는 미국이 자랑하는 만화가이자 그림책 작가입니다. 뉴욕 브루클린에서 태어났습니다. 부모님은 폴란드계 유태인이며, 오스트리아에서 이민을 오신 분들입니다. 예술적 재능을 가진 부모님의 영향을 받아 어려서부터 그림 그리기도 잘했고, 글쓰기에도 관심이 많았습니다. 체육에도 재능을 보였다고 합니다. 15세에 고등학교를 졸업했지만, 뉴욕주립대학교를 2년 다니다가 중퇴했다고 합니다.

작가는 60세가 넘어서 그림책을 그리기 시작했지만, 이 분야에서 탁월한 두각을 나타내며 각종 상을 받았습니다. 여기 소개된 《당나귀 실베스터와 요술 조약돌》로 칼데콧 상, 뉴베리 상을 수상했습니다. 그가 남긴 유명한 작품들로는 《치과 의사 드소토 선생님》, 《멋진 뼈다귀》, 《부루퉁한 스핑키》, 《아모스와 보리스》 등이 있습니다.

이 책의 줄거리는요?

당나귀 실베스터는 부모님의 사랑을 듬뿍 받으며 행복하게 살고 있었습니다. 그는 색이나 모양이 특이한 조약돌을 모으는 것이 취미였습니다. 비 오는 어느 토요일, 혼자 들판으로 나가 산책하던 중 빨간 조약돌 하나를 발견합니다. 이 조약돌을 이리저리 살펴보던 실베스터는 떨어지는 빗방울이 갑자기 차갑게 느껴지자, 이제 "비가 그쳤으면 좋겠네"라고 말합니다. 갑자기 내리던 비가 거짓말처럼 뚝 그쳐버렸습니다. 몇 가지의 실험을 하고 난 실베스터는 그것이 요술 조약돌인 것을 알았습니다. 빨리 부모님에게 보여주고 싶은 생각에 서둘러 집으로 향합니다.

하지만 이게 웬일인가요? 사자 한 마리가 실베스터를 노려보고 있습니다. 실베스터는 너무 놀라 이것저것 생각할 겨를도 없이 조약돌을 손에 쥐고 자신이 바위가 되게 해달라고 빌었습니다. 그 순간 그는 바위로 변했습니다. 그렇지만 조약돌은 손에서 떨어지고 말았습니다. 실베스터는 더 이상 변신할 수가 없었습니다. 실베스터의 부모님들은 1여 년 동안 너무너무 슬퍼하다가 그 슬픔을 이기기 위해 소풍을 나옵니다. 바로 실베스터가 있는 곳이지요. 부모님들이 빨간 조약돌을 발견하고, 실베스터를 생각하며 바위 위에 그것을 올려놓습니다. 실베스터는 극적으로 자신의 모습으로 돌아옵니다. 셋은 얼싸안고 기뻐합니다. 실베스터의 이야기를 다 들은 부모님들은 그 조약돌을 쇠로 만든 금고 속에 넣고 문을 잠가버립니다.

이 책을 읽고 이렇게 이야기를 나누어보세요.

1. 이야기 알기

    1) 실베스터가 사자를 만나 요술 조약돌에게 자신이 바위가 되게 해달라고 소원을 빈 것은 잘한 일일까요? 왜 그렇게 생각하나요?
    2) 가족이 행복해지기 위해 가장 중요한 것은 무엇일까요?

2. 그림 자세히 살피기

    1) 본문 4~5쪽, 실베스터가 바위가 되기 전까지 그의 가족들은 행복했나요? 어떻게 알 수 있나요?
    2) 본문 42~45쪽, 바위로 소풍을 나온 엄마와 아빠는 행복해 보이나요?

3. 등장인물 되어보기

    1) 바위가 되어 집으로 돌아갈 수 없게 된 실베스터는 어떤 마음이었을까요?
    2) 실베스터가 집으로 돌아오지 않자 엄마와 아빠는 어떤 마음이었을까요?

이야기를 나눌 때 이런 점을 유의하세요.

이 책은 주인공이 변신하는 이야기입니다. 이 책을 읽는 아이들은 주인공이 변신하면서 겪는 여러 가지 일들을 함께 경험할 것입니다. 부모님과 함께 집 안에 있으면서 느끼는 행복감, 들판으로 나가 조약돌을 줍는 과정, 그 조약돌이 요술 조약돌임을 알고 빨리 부모님에게 보여주고 싶은 마음, 사자를 만나 공포에 떠는 마음, 바위로 변신, 1여 년 동안이나 부모님과 떨어져 지내야 하는 고통, 다시 원래 모습으로 돌아와 부모님에게 안기는 행복 등의 감정을 주인공과 함께 경험하게 될 것입니다. 아이들은 결과적으로 가족이 행복해지려면 함께 있어야 한다는 사실을 알게 될 거고, 가족이 함께 있을 때와 헤어져 있을 때의 느낌을 간접적으로 체험하게 될 것입니다. 이런 변신의 과정들에서 실베스터가 느끼는 감정들을 위주로 자연스럽게 이야기를 나누면 이 책의 효과를 충분히 얻을 수 있을 겁니다.

book_ 07

글·그림_ 유진

출판사_ 한림출판사

추천 연령_ 만 3~5세

주제_ 소중한 우리 가족

수영장에 간 아빠

이 책은 어떤 책인가요?

수영장을 배경으로 펼쳐지는 아빠와 딸의 공감 가득한 이야기입니다. 글보다는 그림이 더 많은 이야기를 전하는 책이지요. 아빠의 눈에 딸은 언제나 작은 어린아이입니다. 어디든 따라다니며 보호해야 할 존재이지요. 딸이 수영을 배우기로 합니다. 아빠는 이것저것 걱정이 태산입니다. 아빠는 딸에게 여러 가지 주의 사항을 알려주지만 그래도 걱정이 가시지 않습니다. 결국 둘은 수영장에 함께 다니기로 합니다. 둘이 함께 수영장을 다니는 과정에서 일어나는 여러 가지 크고 작은 에피소드들을 재미있게 구성해놓은 그림책입니다. 딸도 성장하고, 아빠도 아이처럼 성장하는 이야기입니다.

그림책이 이야기를 전하는 방식은 여타의 문학작품과는 다릅니다. 내용을 차례로 열거하는 글과 모든 것을 한꺼번에 보여주는 그림이 어우러져 이야기를 전합니다. 그러기에 대부분 작가는 철저히 계획된 디자인으로 그림책을 제작합니다. 그래서 우리는 그림책을 읽을 때 주의 깊게 그림을 살펴보아야 합니다. 그림의 색깔,

대상의 크기, 배치, 시점, 프레임 등 그림의 여러 시각적 요소들을 잘 활용하여 이야기를 이해해야 합니다.

이 책은 특히 이런 조형적 요소들을 활용해 인물의 입장, 마음 상태 등을 잘 드러내는 책 중 하나입니다. 아빠의 시선에서 아이를 바라보기도 하고, 아이의 시선에서 아빠를 바라보기도 합니다. 아빠와 아이의 모습을 한 차원 위에서 객관적으로 바라보기도 합니다. 그림 읽기를 가르치기에 좋은 책이지요.

'소중한 우리 가족'이라는 주제에 대해 생각해볼 수 있는 책이기도 하지만, 그림책의 형식에 대해서도 배울 수 있는 좋은 책입니다.

이 책의 작가는요?

이 책의 작가, 유진(1972~)은 서울에서 태어났습니다. 대학에서 시각디자인을 전공하고 디자이너로 활동했습니다. 어릴 때는 다락방에서 그림을 그리며 만화가를 꿈꾸었다고 합니다. 대학원에서 일러스트레이션 공부를 하면서 그림책을 알게 되었고 그 매력에 푹 빠졌다고 합니다. 처음에는 어린 딸을 위해 그림책을 만들었는데 지금은 딸과 함께 그림책을 만들고 있습니다.

지은 책으로는 2012년 《똑같아요》를 시작으로 《재미있게 먹는 법》, 《드로잉 탐정단》, 《내가 잘하는 건 뭘까?》, 《유기견 영남이》 등이 있습니다.

이 책의 줄거리는요?

수영장 입구에서 아빠가 딸을 손바닥 위에 올려놓고 잔소리를 합니다. 첫째, 물에 들어가기 전에 준비운동 잊지 말고, 둘째, 물에 빠지면 당황하지 말고 바닥에 닿을 때까지 기다리다가…. 딸은 이런 아빠가 수영을 못한다는 사실을 알고 있습니다. 아빠는 숨쉬기조차 힘들어합니다. 아빠는 세숫대야에 물을 받아놓고 연습합니다. 자꾸 물을 마십니다. 아빠를 몰래 지켜보는 딸은 마음이 안타깝습니다. 그래도 아빠는 늘 거인처럼 커다란 몸으로 언제나 딸아이 곁을 지키고 있습니다. 딸은 수영이 잘 늘지 않는 아빠에게 유아용 풀장에서 수영 연습을 하자고 제안합니다.

강습이 없는 날에는 아빠와 딸이 종종 유아 풀에 가서 연습도 하고 신나게 놉니다. 둘은 조금씩 수영을 배워가지요. 그러는 사이 어느덧, 딸은 킥판 없이 유아용 풀이 아니라 일반 풀에서 수영해야 했습니다. 딸은 발이 닿지 않는 풀에서 수영하려니 겁이 났습니다. 그러나 아빠의 말을 기억하고 발이 바닥에 닿을 때까지 기다립니다. 그리고 "푸아!" 하고 물 밖으로 나옵니다. 딸이 물 밖으로 한동안 나오지 않는 것을 본 아빠가 물속으로 쑥 들어갑니다. 둘은 조금 후에 물 밖에서 서로를 바라보지요. 처음으로 딸의 몸이 아빠의 몸보다 크게 그려집니다. 둘은 여유롭게 물에 누워 웃습니다.

이 책을 읽고 이렇게 이야기를 나누어보세요.

1. 이야기 알기

   1) 아빠는 수영도 못하면서 왜 딸과 함께 수영장에도 가고, 딸

에게 수영하는 방법을 가르쳤을까요?

2) 딸이 킥판 없이 수영하는 날, 발이 땅에 닿지 않자 무슨 생각을 했나요?

2. 그림 자세히 살피기

1) 본문 5쪽, 아빠가 세숫대야에 얼굴을 담그는 연습을 하고 있을 때, 딸은 무엇을 하고 있었나요? 무슨 생각을 했을까요?

2) 본문 16쪽, 딸이 아빠의 등에 업혀서 수영할 때, 아빠가 왜 이렇게 크게 그려졌을까요?

3. 등장인물 되어보기

1) 아빠가 수영장 입구에서 주의 사항을 말할 때, 딸의 마음은 어땠을까요?

2) 아빠와 딸이 물 위에서 천장을 바라보며 누워 있을 때, 둘의 기분이 어땠을까요?

이야기를 나눌 때 이런 점을 유의하세요.

이 책의 글은 처음부터 끝까지 딸의 시점에서 이야기하고 있습니다. 그런데 그림은 때로는 딸의 시점에서, 때로는 아빠의 시점에서, 때로는 객관적 시점에서 이야기하고 있습니다. 시점의 변화에 따라 각 입장에서 마음을 살펴보면 좋겠습니다. 그림의 색깔, 인물의 크기, 배치, 시점, 프레임 등이 계획적으로 디자인되어 있습니다. 그림을 보면서 이런 조형적 요소들을 적용해 아빠가 딸에 대해서 어떻게 생각하는지, 딸이 아빠를 어떻게 생각하는지, 객관적으로 독자는 이 둘의 마음이 어떤지에 대해 이야기를 나누어보면 좋겠습니다.

book_ 08

글·그림_ 유진희

출판사_ 한울림어린이

추천 연령_ 만 3~5세

주제_ 아빠 사랑

아빠! 머리 묶어 주세요

이 책은 어떤 책인가요?

그림책은 유아들을 위한 최고의 문학작품입니다. 문학은 우리들의 삶을 언어로 표현하고 이해하며 즐기는 활동입니다. 그림책에 삶의 이야기가 들어 있지 않다면 그것은 정보 책일 따름입니다. 이 책은 유아들의 일상에서 흔히 일어나는 사건들 중 하나에 관한 이야기입니다. 여자아이들이면 누구나 경험했을 이야기이지요.

은수의 엄마가 동생을 낳으러 병원으로 간 사이 아빠가 육아를 담당하는 내용입니다. 우선 은수의 머리를 묶어주어야 하는데 난감하기 짝이 없습니다. 아빠는 열심히 노력해 엄마의 빈자리를 채운다는 이야기입니다.

대개의 가정에서 아이들의 머리 묶는 일은 아마도 엄마 몫인 것 같습니다. 그러나 엄마의 빈자리는 언젠가는 생길 수밖에 없습니다. 아빠는 엄마의 빈자리를 채우려고 애씁니다. 자신이 할 수 없는 일이지만 어떤 노력을 해서라도 아이를 행복하게 해주고 싶습니다. 이런 가정은 실패하지 않을 것입니다. 아이들은 부모의 마음을 보지 않는 것 같고, 이해하지 못하는 것 같아도 다 보고 있습니다. 그리고 이해합니다. 그런 부모의 사랑을 받고 자란 아이들은 마음이 건강할 수밖에 없습니다.

작가의 섬세한 그림 솜씨가 돋보입니다. 이 책은 글이 말하지 않은 많은 정보를 그림이 전하고 있습니다. 글과 그림이 보완적 관계를 가지지요. 아이들이 그림에 주의를 기울이면서 읽어야 하는 그림책입니다.

이 책의 작가는요?

이 책의 작가, 유진희는 대학에서 디자인을 전공하고 지금은 화가이자 그림책 작가로 일하고 있습니다. 오랫동안 유치원 교사로 일하면서 아이들에게 행복을 주고 싶어 그림 그리기를 공부했다고 합니다. 《e메일이 콩닥콩닥》, 《말의 온도》, 《딱 걸렸어》, 《파일 찾기》, 《집으로 가는 길》, 《어느 쪽으로 갈래?》, 《누구 때문일까요?》, 《내 의자》, 《엄마》 등에 그림을 그렸고, 쓰고 그린 책으로는 《아빠! 머리 묶어 주세요》가 있습니다.

이 책의 줄거리는요?

은수의 엄마가 동생을 낳으러 병원에 간 모양입니다. 글은 전혀 그런 이야기들을 하지 않지만 그림이 그런 이야기를 전하고 있습니다. 은수는 엄마가 없으니 머리 묶는 일이 난감할 수밖에 없습니다. 아빠에게 머리를 묶어달라고 부탁하긴 했는데 어째 좀 걱정스럽습니다. 아빠의 머리 묶는 솜씨가 영 서툴러서 말이지요. 은수의 고민은 깊어집니다. 금요일 생일 파티에는 정말 머리를 예쁘게 하고 유치원엘 가야 하는데 큰일입니다.

아빠는 열심히 연습을 합니다. 잠을 자지 않고 연습합니다. 은수는 문 뒤에서 그런 아빠를 살짝 훔쳐보고 있습니다. 아빠는 출근길에도 연습을 합니다. 사람들은 곁눈질을 합니다. 그래도 아랑곳하지 않고 연습합니다. 아빠는 저녁을 준비하면서도 은수의 머리 걱정만 하지요. 그러다가 그만 손을 다치고 맙니다.

금요일 생일 파티를 하는 날, 은수는 어쩔 수 없이 머리띠를 하고 유치원에 갑니다. 그런데 아이들은 은수 머리가 이쁘다고 말하면서 은수 주위에 모여듭니다. 은수는 기분이 좋아졌습니다. 아빠는 그동안에도 열심히 연습해 이제 은수의 머리를 예쁘게 땋을 수 있게 되었습니다.

이 책을 읽고 이렇게 이야기를 나누어보세요.

1. 이야기 알기
   1) 엄마가 없는 동안 은수 아빠는 무슨 일들을 했나요?
   2) 은수 아빠는 엄마가 해야 할 일들을 잘했나요? 왜 그렇다고 생각하나요?

2. 그림 자세히 살피기
   1) 본문 9~10쪽, 은수와 은수 친구는 지금 기분이 서로 어떻게 다를까요?
   2) 본문 15쪽, 아빠가 열심히 머리 땋는 연습을 하는 걸 은수는 알고 있었나요?

3. 등장인물 되어보기

  1) 지하철에서 은수 아빠가 머리 땋는 연습을 하고 있는데 사람들이 막 쳐다보아서 창피했을까요?
  2) 엄마가 집에 돌아왔는데도 은수는 아빠에게 머리를 계속 묶어달라고 합니다. 왜 그랬을까요?

이야기를 나눌 때 이런 점을 유의하세요.

그림책의 구조적 요소들을 세밀하게 생각하면서 만든 책입니다. 우선 앞뒤 면지를 보면 머리 묶는 것과 관련한 정보들을 자세히 전하고 있습니다. 앞뒤 면지를 보면서 핀의 종류와 머리 묶는 법, 아이의 경험담을 연결해 이야기를 나누면 좋겠습니다. 이것은 독자의 '사전 경험 연결하기'와 '내용 예측하기'의 읽기 전략을 익힐 수 있는 좋은 방법입니다. 글과 그림이 서로 보완적 관계를 유지하면서 이야기를 전달합니다. 예를 들면, 글이 전달하기 어려운 것은 그림이, 그림이 전달하기 어려운 것은 글이 전달하는 서사 방식입니다. 이것은 책의 이야기를 풍성하게 만드는 매우 좋은 기법입니다. 따라서 어른은 글을 읽어주고, 아이는 그림의 의미를 말로 표현하게 해서 이야기를 완성하면 즐거운 읽기 경험이 될 겁니다. 이야기에 대해 이야기하는 '초인지적 읽기' 경험을 하게 될 것입니다.

book_ 09

글·그림_ 몰리 뱅

옮김_ 최순희

출판사_ 열린어린이

추천 연령_ 만 3~5세

주제_ 엄마 사랑

엄마 가슴 속엔 언제나 네가 있단다

이 책은 어떤 책인가요?

아이가 자라면 엄마는 언제나 어디서든 계속 옆에 있을 수 없습니다. 이 땅에는 수없이 많은 직장 여성들이 있습니다. 아이는 엄마 치맛자락을 붙잡고 울고, 엄마는 그것을 뿌리치지 못해 우는 경험을 하지 않은 직장 여성이 있을까요? 이 책은 바로 이런 이야기를 하고 있습니다.

매일 직장을 나가야 하는 엄마가 잠자리에서 아이를 껴안고 읽어주면 좋을 책입니다. 엄마의 품속에서 자라던 아이는 엄마와 떨어지는 것을 아마 가장 두려워하겠지요. 물리적으로는 떨어지지만, 엄마의 마음속에는 늘 아이가 존재한다는 사실을 알게 해주는 책입니다.

아이에게는 이런 사실을 아는 것이 두려운 마음을 완화시켜주고, 엄마에게는 다소 위안을 주는 책입니다. 모든 엄마는 다 아이들을 가슴에 안고 살아가지요. 이것을 우리는 '어미의 마음'이라고 하는 것 같습니다.

이 책은 원색과 밝은색을 쓰면서도 다소 현란한 그림들이 그려져 있습니다. 어른들에게는 좀 어지럽게 느껴질 수 있지만, 아이들은 정말 좋아합니다. 이 책의 작가는 하고 싶은 이야기를 단순화시켜서 강렬하게 말하는 특별한 재주를 가진 사람이지요. 이 책도 그렇습니다. 마치 '숨은그림찾기'처럼 '숨은 글자 찾기'가 가능한 책입니다. 한글은 아니지만 영어 알파벳을 익히기 시작하는 아이들은 글자 찾기를 상당히 즐길 수 있습니다. 사람은 생각을 이미지와 개념으로 합니다. 이미지와 개념이 합쳐지면 생각하기가 훨씬 쉽고 기억도 잘하게 되지요. 이 책은 알파벳을 쉽게 익히는 데 많은 도움이 될 것입니다. 이 책을 선정한 이유는 엄마와 아이의 심리적 유대가 얼마나 강한 것인지 알고 느끼게 하기 위해서입니다.

반복해서 읽어도 지루하지 않은 책, 가슴이 따뜻해지는 책, 아이도 어른도 만족할 수 있는 책입니다.

이 책의 작가는요?

이 책의 작가, 몰리 뱅(Molly Bang, 1943~)은 전 세계 어린이들이 사랑하는 작가입니다. 미국 뉴저지주에서 태어나 일본, 인도, 방글라데시, 서아프리카 등 여러 나라를 여행하며 일한 경험을 가진 작가입니다. 작가의 어머니는 병원과 자연사박물관에서 인간과 동물들의 신체 구조를 그리는 일을 했고, 아버지는 병원에서 열대성 질병의 원인을 찾는 연구를 했다고 합니다. 그래서인지 자연과 과학에 관한 책들이 많습니다.

작가는 대학에서 그림이 아닌 프랑스어를 전공했고, 대학을 졸업한 후에는 외국에서 영어를 가르치기도 했습니다. 영어를 가르치다 보니 자연히 문학에 관심을 가지게 되었고, 아리조나와 하버드 두 대학에서 석사과정을 밟게 되었다고 합니다. 그러나 학문적 연구가 자신에게 맞지 않는다는 것을 깨닫고, 평생 아이들의 책에 그림을 그리기로 작정했다고 합니다. 우리에게 잘 알려진 다른 작품들로는《소피는 할 수 있어, 진짜진짜 할 수 있어》,《소피가 속상하면, 너무너무 속상하면》,《소피가 화나면, 정말 정말 화나면》, 《우리가 함께 쓰는 물, 흙, 공기》 등이 있습니다.

이 책의 줄거리는요?

"아침마다 엄마가 외투를 입고, 구두를 신고, 네게 뽀뽀를 하고 집을 나설 때면 어떤 기분이 드는지 아니? 음, 막 걸어가려는데 엄마 가슴 속에 뭐가 있는 것 같은 거야. 그럼 외투 속을 들여다보지. 그 안에 뭐가 보일 것 같니? 바로 너야! 바로 여기 엄마 가슴 속에 말이야." 버스를 기다릴 때도, 신문을 읽을 때도, 일을 시작할 때도 언제나 엄마의 가슴속엔 네가 있다고 말합니다. 네가 말할 때, 먹을 때, 쓸 때, 바라볼 때, 소리에 귀를 기울일 때, 언제나 엄마 가슴 속에 네가 있단다. "네가 옆에 없으면 엄마는 네가 보고 싶어서 가슴 속을 들여다보면 네가 언제나 여기 있단다. 그래서 엄마는 정말 행복하단다." 하고 말합니다. "네 널따란 가슴 속에는 뭐가 있는지 아니?" 하고 묻는 것으로 이야기는 끝납니다.

이 책을 읽고 이렇게 이야기를 나누어보세요.

1. 이야기 알기
   1) "엄마의 가슴 속엔 언제나 네가 있단다"라는 말은 무슨 뜻일까요?
   2) 여러분의 가슴속엔 언제나 뭐가 있나요?
2. 그림 자세히 살피기
   1) 본문 8쪽, 엄마는 하루 동안 무슨 일을 하나요?
   2) 본문 12쪽, 엄마는 지금 어떤 마음인가요?
3. 등장인물 되어보기
   1) 엄마의 가슴속에 안겨 있으면 기분이 어떨까요?
   2) 여러분이 엄마를 생각할 때 어떤 느낌이 드나요?

이야기를 나눌 때 이런 점을 유의하세요.

"엄마 가슴 속엔 언제나 네가 있단다"라는 말의 의미 이해가 이 책의 핵심입니다. 상징과 은유의 의미화는 고도의 정신 작용입니다. 추상적인 개념이나 사물로 나타내는 것이 상징이고, 유사성을 근거로 다른 사물에 비교해서 기술하는 것을 은유라고 합니다. 상징과 은유를 통해 눈에 보이지 않는 정신세계를 이해하고 의미를 더하게 되지요. 상징과 은유를 사용하지 않으면서 보이지 않는 세계를 이해하기란 어렵습니다. 상징과 은유를 통한 고도의 정신 작용이 우리가 지각하는 것, 살아가는 방식, 다른 사람과 관계를 맺는 방식 등을 구조화하기 때문입니다.

"엄마 가슴 속엔 언제나 네가 있단다"는 단순한 언어의 문제가 아니라 이제껏 생각해보지 못했던 새로운 의미의 발견이며, 새로운 해석 가능성의 열림입니다. 가장 추상적이면서도 인간에게 매우 중요한 개념 중 하나인 '엄마의 마음'을 이렇게 표현할 수 있게 되면 아이의 삶에는 구체적으로 다룰 수 있는 더 많은 다른 정신세계가 들어오게 됩니다. 아이가 이 의미를 알고 느끼고 표현하는 경험을 진하게 할 수 있으면 좋겠습니다.

book_ 10

글_ 마거릿 와이즈 브라운

그림_ 클레먼트 허드

옮김_ 신형건

출판사_ 보물창고

추천 연령_ 만 3~5세

주제_ 엄마 사랑

엄마, 난 도망갈 거야

이 책은 어떤 책인가요?

우리는 아이들에게 해주고 싶은 말이 참 많습니다. 하고 싶은 말들을 그때마다 직접적으로 다하면 우리는 곧 꼰대가 되겠지요. 그런데 하고 싶은 말들을 그림책으로 대신해주면 아이들은 감동하면서 그 말들을 가슴에 새길 것입니다.

부모님들이 아이들에게 해주고 싶은 말 가운데 가장 자주 강렬하게 하고 싶은 말은 아마도 "사랑한다" 아닐까요? 모든 부모님들은 세상이 끝날 때까지 자식들을 보호하고 품어주고 싶어 합니다. 그 사랑을 표현하고 싶을 때가 많겠지요. 이럴 때 바로 이 책을 읽어주면 엄마의 마음을 효과적으로 전달할 수 있습니다.

엄마를 피해 도망가고 싶어 하는 아기 토끼가 있습니다. "엄마, 난 도망갈 거야." 하고 아기 토끼가 엄마에게 으름장을 놓습니다. "네가 도망가면, 난 쫓아갈 거야. 넌 나의 귀여운 아기니까." 하고 엄마는 대답합니다. 아기는 계속해서 이리저리 도망가겠다고 말합니다. 그때마다 엄마는 못된 소리 한다고 야단을 치는 것이 아니라 "난 쫓아갈 거야, 네가 날아들게 할 거야, 너에게 갈 거야"라고 말합니다. 엄마의 무한 사랑을 이렇게 잘 표현한 방법이 또 있을까요? 이 책을 읽은 아이들의 머릿속에 엄마의 사랑이 영원히 각인되어 남아 있지 않을까요?

글 작가와 그림 작가가 다르지만 글과 그림의 조화가 잘 이루어진 책입니다. 어린이의 마음, 정서, 언어가 잘 표현된 책이고, 운율이 살아 있는 책이지요. 또한 그 어떤 것보다 아이들의 흥미를 불러일으키는 주제입니다.

이 책의 작가는요?

이 책의 글 작가, 마거릿 와이즈 브라운(Margaret Wise Brown, 1910~1952)은 1930~1940년대 미국 아동문학에 새 장을 펼친 사람입니다. 옛이야기와 우화가 판을 치던 시절에 아이들의 눈과 마음으로 아이들의 현실 이야기를 써서 어린이책 시장의 분위기를 확 바꾸어놓았지요. 작가는 1년에 4~5권의 책을 쓸 정도로 다작했고, 생을 마감하기까지 100권이 넘는 책들을 썼습니다. 그 책들은 대부분 고전이 되어 오랫동안 아이들의 사랑을 받고 있습니다.

미국 뉴욕에서 태어났고, 버지니아 홀린스대학을 졸업했습니다. 이후 뉴욕 뱅크 스트리트 실험학교에서 교사와 문학 교육 연구자로서 일을 했습니다. 어린이 책 편집 일도 잠깐 했습니다. 이 과정에서 작가는 아이들의 고민이 무엇이고, 아이들은 어떤 책을 읽고 싶어 하는지에 깊은 관심을 가지게 되었고, 아이들과 직접 만나 관찰하고 대화하는 기회를 최대한 가졌다고 합니다. 어른들이 아이들에게 들려주고 싶은 이야기가 아니라 아이들이 진정으로 듣고 싶어 하는 이야기가 무엇인지 고민하고 탐색했다는 뜻입니다.

1944년 《모두 잠이 들어요》, 1947년 《The little Island》으로 칼데콧 상을 수상했으며, 《잘 자요, 달님》, 《벌레와 물고기와 토끼의 노래》, 《중요한 사실》, 《작은 기차》, 《어디 갔다 왔니?》, 《난 자동차가 참 좋아》 등은 오랫동안 아이들의 사랑을 받고 있는 작품들입니다.

이 책의 그림 작가, 클레먼트 허드(Clement Hurd, 1908~1988)는 어린이 책의 그림 작가로 유명합니다. 특히 마거릿 와이즈 브라운과 공동 작업한 작품들이 그림책의 걸작으로 인정받고 있습니다. 대표 작품인 《잘 자요, 달님》과 《엄마, 난 도망갈 거야》는 거의 70년 가까이 전 세계 아이들로부터 사랑을 받고 있습니다.

작가는 뉴욕에서 태어나 예일대학에서 건축학을 공부했습니다. 졸업 후 파리로 여행을 갔다가 그곳에서 화가 페르낭 레제(Fernand Léger)를 만나 2년간 회화를 공부하며 자기만의 독특한 스타일을 구축했다고 합니다. 대담하고 화려한 색상을 사용하면서도 편안하고 아늑한 분위기를 만들어내는 것으로 정평이 나 있습니다.

마거릿 와이즈 브라운의 글에 그림을 그린 것 외에도 작가의 아내가 쓴 글에 그림을 그린 책이 50권이 넘는다고 합니다. 그가 알츠하이머로 세상을 떠난 뒤 아들인 대처 허드(Thacher Hurd)가 아버지의 뒤를 이어 그림책 작가로 활동하고 있습니다.

이 책의 줄거리는요?

엄마를 피해 도망가고 싶어 하는 아기 토끼가 있습니다. "엄마, 난 도망갈 거야." 하고 아기 토끼가 엄마에게 으름장을 놓습니다. "네가 도망가면, 난 쫓아갈 거야. 넌 나의 귀여운 아기니까." 하고 엄마는 대답합니다. 어린 토끼는 엄마를 피해 시냇물로 가서 물고기로 변신한다고 말하고, 산으로 올라가 바위가 된다고도 합니다. 꽃밭에 크로커스로 피어난다고도 하고, 새가 되어 멀리멀리 날아가기도 하고, 돛단배가 되어 멀리멀리 흘러간다고도 합니다.

그때마다 엄마는 낚시꾼, 등산가, 정원사, 나무, 바람이 되어 너를 찾아내어 내 곁에 두고야 만다고 말합니다. 강으로, 산으로, 들판으로, 하늘로, 바다로 돌아다니겠다고 말하던 아기 토끼는 끝내는 집으로 돌아옵니다. 그러자 엄마 토끼는 "아가야, 맛있는 당근 좀 먹으렴"이라고 말합니다.

이 책을 읽고 이렇게 이야기를 나누어보세요.

1. 이야기 알기

   1) 아기 토끼는 왜 엄마를 피해 멀리멀리 도망가고 싶었을까요?

   2) 엄마 토끼는 왜 아기 토끼를 어디든 쫓아가겠다고 했을까요?

2. 그림 자세히 살피기

   1) 본문 5~6쪽, 아기 토끼는 강에서 정말 물고기로 바뀌었나요?

2) 본문 13~14쪽, 엄마 토끼는 무엇이 되었을까요?

3. 등장인물 되어보기

1) 아기 토끼가 산으로 도망가자 엄마 토끼가 등산가가 되어 쫓아옵니다. 아기 토끼는 어떤 마음이었을까요?

2) 아기 토끼가 엄마의 아기 토끼로 남아 있는 것이 좋겠다고 말했을 때 엄마 토끼는 어떤 마음이었을까요?

이야기를 나눌 때 이런 점을 유의하세요.

이 책은 장면 구성이 좀 특별한 책입니다. 도망가고 싶어 하는 아기 토끼와 엄마 토끼의 대화 장면은 흑백으로, 아기 토끼를 쫓아가려는 엄마의 대답은 화려한 색깔의 그림으로 표현되어 있습니다. 그것이 반복적으로 나타나지요. 마치, '쿵', '쾅', '쿵', '쾅' 하면서 장면이 전개되는 것 같습니다. 책장을 넘기면서 아이들은 리듬감을 느끼게 되겠지요. 그 리듬감은 아기 토끼의 상상과 그것을 초월하는 엄마 토끼의 상상이 '쿵', '쾅', '쿵', '쾅' 하면서 재미있게 전개되는 효과를 가져옵니다. 책을 읽으면서 아기 토끼의 말과 엄마 토끼의 대답을 대조하면서 리듬감 있게 읽으면 아이들이 훨씬 재미있어 할 것입니다.

book_ 11

글_ 이태준

그림_ 김동성

출판사_ 보림

추천 연령_ 만 3~5세

주제_ 엄마 사랑

엄마 마중

이 책은 어떤 책인가요?

1938년 《조선아동문학집》에 실린 소설가 이태준의 짧은 글에 김동성 작가가 그림을 보태어 출간한 책입니다.

아이에게 엄마란 어떤 존재일까요? 담벼락에 기대서서 엄마를 기다려본 적이 있나요? 이 책의 배경은 한 7~80년 전쯤인 것 같습니다. 제가 어렸을 때 그림 속 아이가 입은 이런 옷은 보지 못했는데 이런 모자는 보았습니다. 전차가 있고 아파트가 아닌 다닥다닥 붙은 집들이 있습니다. 눈발이 날리고요. 아이는 엄마를 만나러 갑니다. 엄마가 올 때가 되었을까요? 전차를 모는 기사 아저씨들에게 묻습니다. "아저씨 우리 엄마 안 오?" 엄마를 애타게 기다리는 마음이 너무 절실하게 표현되어 있습니다. 시대는 달라도 모든 아이들에게 엄마는 똑같은 존재들인 것 같습니다. 엄마를 기다리는 아이들의 마음을 이보다 더 강렬하게 표현할 수 있을까요?

이 책은 글 밥이 적고 문장이 간결합니다. 그림은 매우 서정적이고 동양적입니다. 그림은 현실과 희망을 대조적으로 잘 표현하고 있습니다. 현실은 무채색으로, 엄마가 전차를 타고 올 것이라는 희망은 유채색으로 표현하여 엄마를 기다리는 간절하고 애틋한 아이의 마음을 잘 전달하고 있습니다. 더욱이 수묵화 분위기의 그림은 독자가 서정적 분위기에 빠져들게 만듭니다.

그림책은 이야기 내용을 이해하는 것도 중요하지만 그보다는 주인공의 마음을 함께 공감하는 게 더 중요한 것 같습니다. 그림책을 통해 지적인 대화가 아니라 영혼을 교감하라는 뜻이지요. 특히 이 책은 독자가 주인공의 감정을 이입할 수 없다면 별로 의미 없는 책이 될 가능성이 높습니다.

이 책의 작가는요?

이 책의 글 작가, 이태준(1904~?)은 강원도 철원에서 태어났습니다. 휘문보통고등학교에 입학했으나 동맹휴교의 주모자로 지적되어 1924년 퇴학당합니다. 〈조선중앙일보〉의 기자, 《문장》지 편집자로 활동하다가 1933년 박태원·이효석 등과 함께 '구인회'를 조직하였습니다. 구인회는 순수예술을 추구하는 문학지로《시와 소설》이라는 기관지를 발행했습니다. 작가는 특별히 주변 인물들의 애수 어린 삶을 묘사하는 데 독보적이었다고 합니다. 작가의 다른 작품들로는 소설집《달밤》, 《까마귀》, 《복덕방》, 《해방 전후》 등이 있습니다.

그림 작가, 김동성(1970~)은 부산에서 태어나 홍익대학교 미술대학 동양학과를 졸업했습니다. 이후 디자인 회사에 근무하면서 일러스트레이션을 그리다가 그림책 작가로 데뷔했습니다. 특별히 섬세하고 맑은 그림이 특징입니다. 그는 스스로 그림책 작가가 아니라 일러스트레이터라고 여기지만 그림책에 대한 이해는 아주 남다른 것 같습니다. 작가의 그림들은 대부분 서정적이고, 매혹적인 동양적 미감을 지닌다는 평을 받습니다. 다른 작품들로는 《삼촌과 함께 자전거 여행》,《비나리 달이네 집》,《나이팅게일》,《간송 선생님이 다시 찾은 우리 문화 유산 이야기》,《하늘길》,《날지 못하는 반딧불이》,《책과 노니는 집》,《들꽃 아이》등이 있습니다.

이 책의 줄거리는요?

이 책은 그림이 더 많은 이야기를 합니다. 그러기 위해 작가는 그림책의 구조적 특성들을 매우 잘 활용합니다. 우선 면지에 판잣집이 가득한 달동네가 단색 톤으로 보입니다. 다음 장에는 다시 한 번 속표지가 보이면서 걷고 있는 아이가 두 번이나 그려져 있습니다. 아이가 한참 동안 걸어왔다는 걸 보여주는 것이겠지요. 정확하게 어디서부터 얼마나 걸어왔는지 모르겠습니다. 어쨌거나 아이는 엄마를 만나기 위해 추운 겨울날 걷기 시작합니다. 한참을 걸어 전차 정류장까지 옵니다. 정류장에서 아이는 엄마를 기다립니다. 엄마를 기다리는 아이 모습은 단색으로, 전차가 오는 장면은 화려한 컬러 그림으로 표현합니다. 전차가 오고, 또 한 대가 오고, 또 한 대가 더 들어옵니다. 그러나 엄마는 오지 않습니다. 마지막 전차 기사 아저씨가 전차에서 내려와 아이에게 말합니다. "다칠라. 너희 엄마 오시도록 한 군데만 섰거라, 응?"이라고 말하지요. 아이는 엄마가 올 때까지 꼼짝 않고 기다립니다. 바람이 불어도 한 군데만

서 있습니다. 코가 새빨개져도 개의치 않고 서 있습니다. 아이가 엄마를 만났는지는 모릅니다. 뒤 면지에는 아이가 엄마와 손을 잡고 사탕을 빨며 집으로 가는 장면이 있습니다. 이 작품의 글을 아는 사람들은 아이가 엄마를 만나지 못했다고 말합니다. 그러나 저는 만났다고 해석합니다. 아니 만났기를 바랍니다.

이 책을 읽고 이렇게 이야기를 나누어보세요.

1. 이야기 알기
   1) 아이는 왜 집에서 엄마를 기다리지 않고 정류장까지 걸어갔을까요?
   2) 세 번째 전차 아저씨가 "너희 엄마 오시도록 한 군데만 섰거라"고 말했을 때 아이는 무슨 생각을 했을까요?
2. 그림 자세히 살피기
   1) 첫 번째 전차 아저씨와 두 번째 아저씨, 세 번째 아저씨가 아이에게 말할 때 차이점은 무엇인가요?
   2) 뒤 면지를 보여주며, 아이는 엄마를 만났을까요?
3. 등장인물 되어보기
   1) 엄마는 빨리 오지 않고 날씨는 추운데, 아이는 무슨 생각이 들었을까요?
   2) 책에 엄마는 보이지 않지만, 지금 엄마는 무슨 생각을 하고 있을까요?

이야기를 나눌 때 이런 점을 유의하세요.

  이 책은 독자가 주인공의 마음을 공감하는 것이 매우 중요합니다. 엄마를 기다리는 애틋한 마음에 감정이입하여 느껴보는 것이 중요하다는 뜻이지요. 엄마를 만나기 위해 집을 나서면서부터 한참을 걷기까지 아이의 마음에 드는 생각, 정류장에서 전차들이 계속 들어오지만 엄마는 오지 않을 때 느끼는 안타까운 마음에 공감하는 것이 필요합니다. 시간이 흐르면서 더욱 간절해지는 엄마에 대한 그리움을 어찌 말로 다 표현할 수 있을까요? 말로 표현되지 않더라도 그 마음으로 느끼고 공감하는 게 이 책의 감상 포인트인 것 같습니다.

book_ 12
글·그림_ 조경희
출판사_ 노란돼지
추천 연령_ 만 3~5세
주제_ 엄마 사랑

엄마 자판기

이 책은 어떤 책인가요?

'여자는 약하나 엄마는 강하다'라고 했던가요? 이 땅의 대부분 엄마들은 위대합니다. 그 이유는 언제나 어떤 형태로든지 엄마들은 자판기 역할을 하기 때문입니다. 엄마의 자판기는 그냥 쉽게 작동되는 것이 아닙니다. 엄마는 영과 혼과 육의 진액을 다 짜내어 자판기 역할을 하는 겁니다. 그러기에 그것이 우리의 가슴에 남아 수시로 저리기도 하고, 사랑이 되기도 하고, 삶의 지침이 되기도 합니다.

조경희 작가의 첫 작품 《엄마 자판기》는 엄마와 아이들이 모두 다 좋아할 만한 책입니다. 아이들은 엄마의 사랑에 감동하고, 엄마는 혼을 다해 자판기 역할을 해낼 수 있는 동력과 의미를 찾을 수 있을 것 같습니다.

책은 일상에서 일어나는 아이와 엄마의 삶의 모습들을 그려놓았습니다. 신우는 늘 무엇이든지 엄마와 함께하기를 갈구합니다. 엄마는 최선을 다하지만 그럴 형편이 되지 못합니다. 너무 바쁩니다.

게다가 엄마는 늘 신우에 대한 염려로 이것저것 잔소리를 해댑니다. 신우와 엄마 사이에는 밀고 당기는 갈등들이 생깁니다. 이 갈등들이 어떻게 해소되는지를 멋들어지게 설명하고 있는 책입니다.

이 책은 이론적으로 보아도 그림책의 재미 요소를 다 가지고 있습니다. 책 속 인물들의 이야기는 우리 모두의 이야기이며, 주제는 우리가 늘 안고 살아가는 문제입니다. 책 속 인물은 환상과 현실을 오갑니다. 아니 환상 같은 현실, 현실 같은 환상의 경험을 멋지게 하고 있습니다. 이 책은 재치가 있고 유머가 있습니다. 글뿐 아니라 그림에도 유머가 있습니다.

이 책의 작가는요?

이 책의 작가, 조경희(1972~)는 충북 제천에서 태어났습니다. 어려서부터 그림 그리기를 좋아했고, 짬이 있을 때마다 늘 그림을 그렸습니다. 대학에서 유아교육을 전공했고, 교사가 되어 자연스럽게 아이들에게 그림책 읽어주기를 좋아했다고 합니다. 아이들에게 좋은 그림책을 읽어주기 위해 작가는 수없이 많은 그림책들을 읽었으며, 자연스럽게 그림책에 관한 공부를 하게 되었다고 합니다. 특히 그림책의 시각적 표현에 대해 깊이 연구하고, 실제 그림에 적용해서 표현하는 작가입니다. 작가는 무엇보다 아이의 진실된 목소리, 아이의 진실된 삶을 표현하고 싶어 합니다. 이 책은 작가의 첫 작품입니다. 첫 작품이지만 독자의 반응이 매우 뜨겁습니다. 두 번째 작품 《아빠 자판기》도 쓰고 그렸습니다.

이 책의 줄거리는요?

토요일 아침, 해도 뜨기 전에 엄마는 신우를 깨웁니다. 신우는 일어나기 싫습니다. 눈을 감고 자는 척합니다. 신우는 엄마가 출근할 때마다 싸놓은 김밥이 싫습니다. 그것보다는 엄마와 함께 있는 것이 더 좋습니다. 그런데 엄마는 그렇게 하지 못합니다. 게다가 엄마는 신우에 대해 끊임없이 잔소리를 해댑니다. 이것저것 해야 할 일들을 말합니다. 신우는 엄마가 정말 싫습니다. 엄마는 회사에서 돌아와서도 신우를 괴롭힙니다. 신우는 '놀이공원에도 안 가고, 엄마가 너무 밉다. 엄마가 없어졌으면 좋겠다'고까지 생각합니다. 쓸쓸한 기분으로 잠이 듭니다. 잠에서 깨어보니 정말 엄마가 없습니다. 엄마 대신 엄마 자판기가 있습니다. 자판기에는 피자 맘, 청소 맘, 놀이 맘, 공주 맘, 핸드폰 맘, 자유 맘 버튼이 있습니다. 신우는 먼저 '피자 맘'과 피자 놀이를 하며 기분이 좋아집니다. 마침내 '자유 맘'과 함께 업기 놀이까지 합니다. 환상 속에서 신우는 평소 자신의 결핍과 원함을 '엄마 자판기'를 통해 다 충족합니다. 그런데 웬일일까요? 엄마는 늦게까지 일어나지 못합니다. 환상 속 신우의 활동은 엄마에게는 실제였으니까요.

이 책을 읽고 이렇게 이야기를 나누어보세요.

1. 이야기 알기

   1) 평소 신우가 가장 원했던 것은 무엇인가요?
   2) 일요일 아침, 신우가 큰 소리로 엄마를 불렀을 때 엄마는 왜 일어나지 못했을까요?

2. 그림 자세히 살피기
   1) 본문 25~26쪽, 평소 신우는 엄마가 무슨 일들을 해주기 바랐나요?
   2) 본문 45~46쪽, 엄마와 신우는 지금 차를 타고 어디로 가는 건가요?
3. 등장인물 되어보기
   1) 엄마가 깨우는데 신우는 일부러 자는 척했습니다. 이때 신우의 기분은 어땠을까요?
   2) 일요일 아침, 신우가 엄마를 깨우는데 엄마는 일어나지 못하고 있습니다. 이때 엄마의 기분은 어땠을까요?

이야기를 나눌 때 이런 점을 유의하세요.

환상 동화는 이야기에 환상성의 요소가 들어 있는 동화를 말합니다. 환상은 영어로 'fantasy'라고 하지요. 'fantasy'는 원래 라틴어 'phantasticus'라는 말에서 나왔는데 그 뜻은 '나타나 보이게 하다', '기이한 현상이 드러나다'라는 의미를 지니고 있습니다. 그 어원에서도 짐작할 수 있듯이 환상 동화는 하나의 작품 속에 환상의 세계와 현실의 세계가 공존합니다. 환상의 세계를 통해 현실 세계에서 결핍되었거나 소망하는 것들의 실체를 드러내고, 그 결핍과 소망하는 것들을 해결해주는 기능을 하지요. 환상 동화는 허구적 세계를 드러내는 것이 아니라 아이의 소망을 드러내는 결정체라고 합니다. 아이들은 환상 동화를 읽으면서 현실에서 결핍된 욕구나 소망을 채우게 되지요.

이 책은 신우에게는 비몽사몽 환상의 세계인지 모르지만 엄마에게는 현실인 이야기를 이렇게 줄거리가 탄탄한 멋진 환상 동화로 탄생시켰습니다. 신우가 평소 소망하는 것들은 현실이고, 또 그것들이 환상과 현실에서 채워지고 있습니다. 이 책을 읽으면서 신우의 소망뿐만 아니라 아이들의 소망을 한 번 들어보세요. 엄마는 그것들을 채워주기 위한 자판기가 한 번 되어보세요. 책을 읽고 독후 활동을 하는 것이 반드시 좋은 일은 아닙니다. 그런데 이 책의 경우, 이런 독후 활동을 한 번 하는 게 이 책을 이해하는 데 매우 효과적일 것입니다.

book_ 13

글·그림_ 노인경

출판사_ 문학동네

추천 연령_ 만 3~5세

주제_ 부모 사랑

코끼리 아저씨와 100개의 물방울

이 책은 어떤 책인가요?

읽고 난 뒤 오랜 후에도 그 내용이 우리 머릿속에 남아 계속 맴돌 것 같은 책입니다. 우리나라 작가 노인경이 글도 쓰고, 그림도 그렸습니다. 이 책은 색깔을 많이 쓰지 않았어요. 파란색, 검정색, 주홍색 세 가지 색깔의 픽셀아트 그림책입니다. 주인공인 코끼리와 코끼리가 타고 가는 자전거를 제외하고는 모든 사물들이 픽셀로 이루어져 있습니다. 수많은 도트들을 모아야 사물이 하나 만들어지고 장면들이 만들어집니다. 다양한 농도와 크기와 모양의 픽셀들이 각 장면의 상황과 분위기를 만들어냅니다. 이 책을 읽는 아이들은 이런 사물들과 장면들에 푹 빠져들 것입니다. 저절로 그림을 자세히 들여다보게 되기 때문이지요. 자전거를 타고 가는 모습이 아슬아슬합니다. 정확한 조사는 해보지 않았지만 좀 더 큰 아이들이 많이 좋아할 것 같습니다.

코끼리 아저씨가 사는 마을에 오아시스가 말라버렸어요. 아빠 코끼리는 아이들에게 물을 먹여야 합니다. 아빠 코끼리는 아이들에게 반드시 물을 먹여야겠다는 간절한 마음으로 여러 가지 위험과 고난을 겪으면서 물을 길어와 새끼 코끼리들에게 먹입니다. 아이를 위해서 천리를 마다하지 않고 가는 '아비의 마음'과 이런 아비의 마음을 잘 아는 '새끼의 마음'을 감동적으로 전하는 책입니다. 작가가 아버지와 화해하기 위해 만든 책이라고 합니다. 이렇게 인간 삶의 본질적 문제들을 아주 멋진 형태로 표현합니다.

이 책의 작가는요?

이 책의 작가, 노인경(1980~)은 서울에서 태어났습니다. 홍익대학교에서 시각디자인을 공부하고, 이탈리아로 가서 순수 미술을 공부했습니다. 작가는 인간 내면의 문제들을 감각적으로 표현해내는 독창적 예술가라고들 합니다. 어린아이가 있고, 그 아이에게서 아이디어를 얻고, 표현해내는 이야기들이 정말 재미있는지 없는지를 아이에게서 확인받는다고 합니다. 혹시라도 책이 아이들에게 불친절하지는 않을까 혹은 아이의 내면세계를 어떻게 하면 확장시켜줄 수 있을까를 늘 고민한다고 합니다.

작가의 책들로는 《기차와 물고기》, 《말썽부려 좋은 날》, 《내 방귀 실컷 먹어라 뿡야》, 《빵이 빵 터질까?》, 《고슴도치 엑스》, 《책청소부 소소》, 《너의 날》 등이 있습니다. 《책청소부 소소》로 볼로냐 국제아동도서전 2012 올해의 일러스트레이터에 선정되었고, 《코끼리 아저씨와 100개의 물방울》로 2013 브라티슬라바 국제원화전시회 황금사과상과 스위스 프티 몸 상을 수상했습니다.

이 책의 줄거리는요?

코끼리가 사는 마을에 가뭄이 들어 오아시스가 말라버렸습니다. 아빠 코끼리 뚜띠는 어떻게 해서라도 물을 길어와 아이들에게 먹여야 했습니다. 고단하고 험난한 길을 달려가 양동이에 물을 가득 담았습니다. 100개의 물방울이지요. 100개의 물방울은 아빠가 담을 수 있는 최대한의 양입니다. 양동이를 머리에 이고 돌아오는 길에는 왜 그리도 장애물이 많을까요? 돈을 벌어와 아이들에게 먹이는 일이 그리 쉬운 일이겠습니까? 자전거를 타고 씽씽 달리지만 곳곳에 어려움이 있습니다.

햇빛이 쨍쨍 내리쬐어 물방울이 날아가버리기도 하고, 사막여우들이 나타나기도 하고, 동굴의 박쥐들이 나타나 괴롭히기도 하고, 언덕길이 나타나 콰당 넘어지기도 합니다. 집에 도착하기도 전에 물방울은 모두 사라지고 맙니다. 아빠 코끼리 뚜띠는 울음을 참을 수 없습니다. 그런데 이게 웬일입니까? 마침 하늘에서 비가 내립니다. 다시 양동이를 가득 채웁니다. 아빠 코끼리는 좋아하면서 아기 코끼리들에게 달려가 물을 먹입니다. 아빠가 이 물을 길어오기까지 아이들은 아빠에게 어떤 위험과 고단함이 있었는지 자세히는 모릅니다. 그러나 아빠의 수고와 노력과 그 사랑을 마음으로 압니다.

이 책을 읽고 이렇게 이야기를 나누어보세요.

1. 이야기 알기

   1) 아빠 코끼리가 양동이에 물을 이고 집으로 오는데 무슨 일

들이 있었나요?

2) 아기 코끼리들은 아빠가 무슨 일을 겪고 있는지 알았을까요?

2. 그림 자세히 살피기

1) 앞 면지와 뒤 면지가 어떻게 다른지 말해보세요. 왜 다를까요?

2) 본문 5~9쪽, 코끼리 모습이 어떻게 다른지 말해보세요.

3. 등장인물 되어보기

1) 집에 오는 길에 양동이 물이 다 없어진 것을 알았을 때 아빠 코끼리는 어떤 마음이었을까요?

2) 아빠가 양동이에 물을 가지고 집으로 왔을 때 아기 코끼리들은 무슨 생각을 했을까요?

이야기를 나눌 때 이런 점을 유의하세요.

이 책은 '글 없는 그림책'입니다. '글이 없는 그림책'은 글이 없고 그림만 있거나, 혹은 글이 아주 조금 있는 그림책입니다. 대부분의 이야기를 그림으로 하지요. 이런 책을 아이와 함께 읽는 것이 그리 쉬운 일은 아니지만, 매우 좋은 장점을 가지고 있습니다. 아이와 부모 간의 대화를 풍부하게 하고, 아이에게는 듣고 말할 수 있는 기회를 주고, 아이 자신의 이야기를 자신의 말로 하게 만듭니다. 글과 그림을 연결해서 의미를 생각하게 만듭니다. 아이의 말로 이야기하기를 권해보세요. 아이의 말로 이야기하는 것이 중요합니다. 필요한 부분에서는 어른이 도와주면 좋습니다. 문장을 구성하는 것이나 정보를 보태주는 식으로 도와주면 좋겠지요.

2부

내 사랑,
우리 가족

book_ 14

글·그림_ 미야니시 타츠야

옮김_ 백승인

출판사_ 달리

추천 연령_ 만 3~5세

주제_ 가족 사랑

고 녀석 맛있겠다

이 책은 어떤 책인가요?

책은 아이의 기분과 상황에 따라 엄마가 한 권 한 권 골라 읽어주는 것이 제일 좋습니다. 평소 부모님들이 다양한 책을 알고 있으면 필요에 따라 골라 읽어주기가 쉽겠지요. 미국 아이들이나 한국 아이들이나 대부분의 아이들이 다 공룡을 참 좋아합니다. 어린이집 교실을 참관하면 아이들이 공룡에 빠져 있는 것을 흔히 볼 수 있습니다. 미국의 자연사박물관에서도 공룡이 있는 곳에는 아이들이 바글바글하지요. 아이들이 공룡을 실제로 본 적도 없는데 왜 그렇게 좋아하는지 잘 모르겠습니다.

이 책은 공룡에 관한 이야기입니다. '안킬로사우르스'와 '티라노사우르스'는 서로 종자가 다른 공룡입니다. '안킬로사우르스'는 초식동물이고 '티라노사우르스'는 육식동물입니다. 둘은 절대로 함께할 수 없는 존재들이지만 서로에게 마음을 뺏기고 사랑하는 사이가 되어 더 이상 무섭지도 슬프지도 않습니다. 서로에게 무엇인가 주고 싶고, 해주고 싶고, 늘 함께 있고 싶은 마음만 가득하지요.

두 공룡이 어쩌다 아비와 자식의 사랑을 나누게 됩니다. 아비는 아이에게 혼자 힘으로 살아갈 수 있는 힘을 길러주기 위해 백방으로 노력합니다. 자식은 위험을 무릅쓰고 아비를 위해 맛있는 열매를 따옵니다. 누군가 잡아먹고 살아가는 육식동물도 사랑하면 이렇게 달라집니다. 이 모든 사랑은 이름을 불러주는 것에서부터 시작되었습니다.

이 책의 작가는요?

이 책의 작가, 미야니시 타츠야(宮西達也, 1956~)는 일본 시즈오카 현에서 태어나 일본대학 예술학부 미술학과를 졸업했습니다. 작가는 개성적인 그림과 사람들의 마음에 울림을 주는 글로 다양한 연령층의 사람들로부터 사랑받고 있습니다. 이 책은 제13회 일본 그림책 상 독자상을 수상했습니다. 작가의 작품으로는 《말하면 힘이 세지는 말》, 《개구리의 낮잠》, 《넌 정말 멋져》, 《엄마가 정말 좋아요》, 《반짝반짝 별이 빛났어요》, 《귀여워 귀여워》, 《신기한 사탕》, 《메리 크리스마스, 늑대 아저씨!》, 《크림, 너라면 할 수 있어!》 등이 있습니다.

이 책의 줄거리는요?

옛날 옛날에 땅이 흔들리고 화산이 터지는 곳에 초식 공룡 '안킬로사우르스'가 태어납니다. 아기 공룡 안킬로사우르스는 아무도 없는 무시무시한 세상에서 혼자 터덜터덜 걷습니다. 그러다가 육식동물 '티라노사우르스'를 만납니다. 그는 군침을 흘리며 "헤헤

헤, 고 녀석 맛있겠다."라는 말을 하며 다가옵니다. 안킬로사우르스는 티라노사우르스에게 얼른 달려가 다리를 붙들고 "아빠! 슬펐어요, 무서웠어요."라고 말합니다. "어떻게 내가 네 아빠라는 거냐?"라고 묻는 티라노사우르스에게 "내 이름을 불러주었잖아요. '고 녀석 맛있겠다'라고요. 내 이름, '맛있겠다'지요?"라고 말입니다.

티라노사우르스가 안킬로사우르스에게 마음을 뺏기는 순간입니다. '아비의 마음'이 생겼습니다. 안킬로사우르스는 이제 더 이상 슬프지도, 외롭지도, 무섭지도 않습니다. '사랑받는 존재'가 되었기 때문입니다. 아비는 아이를 위해 여러 가지 세심한 배려를 합니다. 아이는 그 아비를 위해 위험을 무릅쓰고 맛있는 열매를 따옵니다. 사랑하는 사이가 되었지요. 그 아비가 아이의 행복을 위해 떠나보내야 할 때가 왔습니다. 마음이 참 허전하고 아픕니다. 그러나 아이가 더 살기 좋은 곳으로 돌려보내야 합니다. 아비는 아픈 마음을 참고 아이를 떠나보냅니다.

이 책을 읽고 이렇게 이야기를 나누어보세요.

1. 이야기 알기
   1) 육식동물 '티라노사우르스'는 왜 '안킬로사우르스'를 잡아먹지 않았을까요?
   2) '티라노사우르스'는 왜 깜깜한 밤에 '안킬로사우르스'를 떠나보냈을까요?
2. 그림 자세히 살피기

    1) 본문 17~19쪽, 그림에서 '티라노사우르스'의 얼굴 표정은 어떻게 다른가요?

    2) 본문 33~34쪽, '안킬로사우르스'가 막 달려가고 있을 때 '티라노사우르스'는 어떻게 하고 있었나요?

  3. 등장인물 되어보기

    1) '안킬로사우르스'가 태어났을 때 주변에 아무도 없는 것을 보자 마음이 어땠을까요?

    2) '안킬로사우르스'를 떠나보내고 나서 '티라노사우르스'는 빨간 열매를 하나 입에 넣고 어떤 마음으로 서 있었을까요?

이야기를 나눌 때 이런 점을 유의하세요.

  그림책은 글과 그림으로 의미를 전달합니다. 독자들은 그 의미를 수용하는 과정에서 표면적인 글과 그림을 그대로 수용하는 것이 아니라, 그것을 해체해서 알레고리적으로 해석하지요. 즉 다르게 해석합니다. 그림책은 독자들에게 다양한 상상과 의미 접근, 해석을 가능하게 합니다. 그러기 위해서는 무한 상상이 필요하고요. 결과적으로는 독자들의 흥미를 유발하고 주제를 효과적으로 이해하게 만듭니다.

  이 책은 알레고리적 해석을 하기 참 좋은 작품입니다. 예를 들면 이 책에서 땅은 노란색으로, 공간은 흰색이나 빨간색과 검은색으로 표현합니다. 빨간색은 뭔가 역동적이고 격동적인 사건이 있을 때 사용하고, 흰색은 정적인 순간을 표현합니다. 아기 공룡이 태어날 때에는 빨간색 배경에 화산과 지진이 꽝꽝 터지는 장면을 보여줍니다. 어떤 의미로 해석하면 좋을까요? 생명이 태어나는 순간은 마치 지구 변화가 일어나는 것 같은 결정적 순간 아닐까요?

마지막 장면에서 '티라노사우르스'가 '안킬로사우르스'를 떠나보낼 때는 검은 배경에 수많은 별을 그려놓았습니다. 칠흑 같은 밤을 나타낸 것입니다. 또 달리기 시합을 해서 안킬로사우르스가 앞을 보고 마구 달리게 합니다. 왜 그랬을까요? 안킬로사우르스를 기왕에 떠나보내려면, 다시는 찾아오지 못하게 하려는 의도는 아닐까요?

이처럼 표면적으로 나타난 글과 그림, 그 이상의 의미를 찾아내는 것이 알레고리적 해석입니다. 그림책을 보면서 다양한 의미 접근과 해석을 하는 것은 독자의 몫이고, 의미 이해는 작가가 의도한 것과 다를 수도 있습니다. 어쨌거나 알레고리적 해석이 높은 책은 그만큼 예술성이 높고, 아이들에게는 매력적인 책이 되지요. 책을 읽으면서 여러 가지 숨은 의미를 찾아보고, 해석해보는 시간을 가지도록 안내하면 좋겠습니다.

book_ 15

글·그림_ 백희나

출판사_ 한솔수북

추천 연령_ 만 3~5세

주제_ 가족 사랑

구름빵

이 책은 어떤 책인가요?

이 책은 고양이 가족의 가족애를 그린 아주 멋진 이야기입니다. 매우 환상적이면서도 사실적인 이야기입니다. 어느 날 아침, 주인공은 창밖에 비가 내리는 것을 보고 동생을 깨워 밖으로 나갑니다. 나뭇가지에 걸린 구름 한 움큼을 가지고 들어와 엄마에게 주고, 엄마는 그 구름으로 구름빵을 만듭니다. 구름빵을 먹고 하늘을 난다는 이야기입니다.

인간은 원래 하늘을 날고 싶어 하는 원초적 본능이 있지요. 작가는 인간의 이런 본질적 욕구를 잘 간파하고, 그것을 기초로 이야기를 만든 것 같습니다. 이 책에 나오는 고양이 가족은 우리 주변에서 흔히 볼 수 있는 매우 평범한 가정입니다. 엄마는 부엌에서 가족들을 위해 맛있는 음식을 만들고, 아빠는 눈을 뜨자마자 밥도 제대로 못 먹고 회사로 달려가고, 아이들은 그 아빠를 알게 모르게 걱정하는 따뜻한 가족애를 그린 이야기이지요.

이 책은 그림책의 재미 요소들을 골고루 다 갖추고 있습니다. 환상세계를 마치 현실 세계처럼 그려놓았습니다. 책 속의 인물들은 우리가 얼마든지 동일시할 수 있는 인물들이지요. 이 인물들이 하늘에 올라가 우리의 세상을 바라보듯이 이 책을 읽는 독자도 마치 하늘에서 내려다보듯 우리가 사는 세상의 모습을 상상하게 될 것입니다. 이 책은 글과 그림이 적절히 관계를 이루어 독자가 책에 몰입하게 만듭니다. 참 멋진 책입니다.

이 책의 작가는요?

이 책의 작가, 백희나(1971~)는 이화여자대학교에서 교육공학을, 캘리포니아 예술학교에서 애니메이션을 공부했습니다. 2004년에 출간한 이 책으로 우리나라 '국민 그림책 작가'가 되었지요. 지금까지 출간한 책들이 수십 편인데 나오는 책마다 아이들의 폭발적인 인기를 얻고 있습니다. 《알사탕》, 《달 샤베트》, 《장수탕 선녀님》, 《이상한 엄마》, 《팥죽 할멈과 호랑이》, 《비 오는 날은 정말 좋아!》, 《북풍을 찾아간 소년》, 《분홍줄》, 《어제저녁》, 《삐약이 엄마》, 《꿈에서 맛본 똥파리》 등 해마다 꾸준히 작품들을 출간하고 있습니다.

수상 경력도 화려합니다. 몇 가지만 소개하면, 2005년 《구름빵》으로 볼로냐 국제아동도서전에서 올해의 일러스트레이터로 선정되었고, 2013년 《장수탕 선녀님》으로 제53회 한국출판문화상과 제3회 창원아동문학상을 동시에 수상했습니다. 《알사탕》으로 제11회 일본그림책서점대상과 제24회 '일본그림책대상' 번역상과 독자상을 동시에 수상했습니다. 무엇보다 중요한 것은 2019년 아스트리드 린드그렌 상을 수상한 것입니다. 이 상은 전 세계에서 매년 1~2명의 그림책 작가에게 주는 상인데, 작품 한 편이 아니라 작가의 업적 전체와 예술성을 종합적으로 평가해서 주는 상입니다.

작가는 매 작품마다 현실에 바탕을 둔 뚜렷한 주제 의식을 담아내고 있습니다. 작품마다 상징적인 환상물을 창조해 현실적 문제의 해결 고리로 삼고 있지요. 또한 판타지 표현에 있어 입체 인형을 등장시키고 사진과 애니메이션 기법을 활용해서 시각적 표현을 다양화하고 있는 전도유망한 작가입니다.

이 책의 줄거리는요?

이 책은 어느 가정의 평온한 아침 모습을 보여주면서 시작됩니다. 집 안은 전체적으로 따뜻한 노란색 계열의 색상으로 그려져 있습니다. 창밖에는 비가 내리고 있습니다. 엄마는 부엌에서 음식을 만들고, 우리의 주인공은 동생을 깨워 밖으로 나갑니다. 아이들은 나뭇가지에 걸려 있는 작은 구름을 손으로 받아 집으로 돌아오지요. 둘은 손으로 받아온 구름을 엄마에게 전달하고, 엄마는 그것으로 반죽을 하고 오븐에 넣어 빵을 만듭니다. 그 사이 아빠가 일어나 아침도 먹지 않고, 허둥지둥 회사로 갑니다. 엄마는 아침도 먹지 않은 아빠를 걱정합니다.

45분이 지나 집 안 가득 고소한 빵 냄새가 피어오릅니다. 엄마가 오븐을 열자 빵들이 마치 구름처럼 하늘을 붕붕 날기 시작합니다. 그 빵을 먹은 엄마도, 주인공도, 동생도 모두 공중으로 붕 뜨기 시작합니다. 아이들은 아침밥도 먹지 않은 아빠가 생각이 났습니다.

구름빵을 들고 창문으로 빠져나가 하늘을 날기 시작했지요. 아빠를 찾기 위해서입니다. 아빠는 콩나물시루 같은 버스 속에 뚱뚱한 몸으로 매달려 있습니다. 아빠에게 구름빵을 전하고, 아빠도 하늘을 납니다. 회사 창문을 뚫고 들어간 아빠는 지각하지 않고 제시간에 자기 자리에 앉을 수 있었지요. 아이들은 지붕 위에 앉아 남은 빵을 더 먹습니다. 하늘은 이제 파랗고 하얀 구름들이 둥실 떠 있습니다.

이 책을 읽고 이렇게 이야기를 나누어보세요.

1. 이야기 알기
    1) 주인공들은 어떻게 하늘을 날게 되었나요?
    2) 주인공들이 구름빵을 먹으면서 제일 먼저 생각난 것은 무엇인가요? 왜 생각났을까요?
    3) 아빠를 찾아 하늘에 올라간 주인공들은 무엇을 보았을까요?

2. 그림 자세히 살피기
    1) 본문 3~4쪽, 누가 제일 먼저 일어났을까요? 그다음에 일어난 사람은 누구인가요? 어떻게 알 수 있나요? 아빠는 왜 제일 늦게 일어났을까요? (자유롭게 상상하여 말하게 합니다. 아빠의 머리맡에 있는 책과 안경 등에 주의를 기울이게 합니다.)
    2) 본문 21~24쪽, 아빠가 콩나물시루 같은 버스를 타고 있다는 것을 어떻게 알 수 있을까요?

3. 등장인물 되어보기

   1) 주인공들이 하늘을 날아 아빠를 찾으면서 서로 무슨 말을 주고받았을까요?
   2) 아빠가 회사에 무사히 들어가고, 주인공들은 지붕 위에 앉아 무슨 이야기를 주고받았을까요?

이야기를 나눌 때 이런 점을 유의하세요.

이 책을 통해 아이들은 환상세계와 현실 세계를 넘나드는 경험을 한번 해보면 좋겠습니다. 구름빵을 먹고 하늘을 훨훨 나는 경험, 엄마가 만들어주는 맛있는 음식을 먹을 때의 기분, 아빠를 걱정하는 마음 등을 구체적으로 상상해보게 하면 좋겠습니다.

book_ 16

글_ 존 버닝햄

그림_ 헬렌 옥슨버리

옮김_ 홍연미

출판사_ 웅진주니어

추천 연령_ 만 3~5세

주제_ 가족 사랑

동생이 태어날 거야

이 책은 어떤 책인가요?

세계적인 그림책 작가 부부인 존 버닝햄-헬렌 옥슨버리의 첫 공동 작품입니다. 동생이 태어나기 전까지 열 달 동안, 동생에 대해 이런저런 기대와 상상을 하며 엄마와 아이가 이야기를 나누는 책입니다. 아이는 새로 태어날 동생에게 질투도 느끼고 걱정도 하지만, 동생을 많이 사랑할 거라는 다짐을 하지요. 새로 태어나는 동생에 대해 생기는 아이의 복잡 미묘한 감정을 잘 묘사하고 있는 그림책입니다.

존 버닝햄은 이 책을 쓰기 위해 10년을 준비했다고 합니다. 원래는 길게 쓴 글이지만 다듬고 다듬어서 이렇게 간결하고 섬세한 글을 내놓았다고 합니다. 여기에 헬렌 옥슨버리의 재치 있고 따뜻한 그림이 보태어져서 너무나 멋진 책으로 탄생했습니다. 원래 옥슨버리는 색연필과 수채 물감으로 그림을 즐겨 그려왔는데, 이번에는 특별히 아이의 상상 장면을 잘 표현하기 위해 고민하다가 카툰 형식을 생각해냈고, 마무리 작업은 컴퓨터로 했다고 합니다.

동생이 생기는 아이들은 마음속이 매우 복잡 미묘할 것입니다. 설레기도 하고, 걱정이 되기도 하고, 질투가 느껴지기도 하겠지요. 그것을 노장의 그림책 작가 부부가 잘 잡아내고 있습니다. 새로 동생을 맞이하는 아이들이 읽으면 참 좋을 것 같습니다.

이 책의 작가는요?

이 책의 글 작가, 존 버닝햄(John Burningham, 1936~2019)은 영국에서 태어나 영국에서 생을 마감한 영국인들이 가장 사랑하는 작가 중 한 분입니다. 영국의 3대 그림책 작가 중 한 분이지요. 우리나라에도 무척 잘 알려진 작가입니다. 어렸을 적부터 학교생활에 잘 적응하지 못해 학교를 여러 군데 옮겨 다녀야 했다고 합니다. 다행히 그는 진보적인 부모님 덕분에 그에게 맞는 좋은 대안학교를 찾을 수 있었고, 그곳에서 자신이 좋아하는 그림을 마음껏 그리며 학교생활을 할 수 있었다고 합니다. 그래서 그런지 대부분 그의 작품들은 어른이 어린이의 시선으로 어린이와 소통할 것을 주장하는 책들이 많습니다.

작가는 세계적으로 유명한 대안학교인 서머힐을 졸업하고, 런던 센트럴 아트스쿨에서 그래픽 디자인과 일러스트레이션을 공부했습니다. 그곳에서 헬렌 옥슨버리(Helen OXenbury)를 만나 결혼하고, 평생을 함께 그림책을 그리며 살았습니다. 1963년 《깃털 없는 기러기 보르카》를 출간하고, 이 작품으로 케이트 그린어웨이 상을 수상했습니다. 그는 《깃털 없는 기러기 보르카》 이후 60권이 넘는 그림책을 출간했습니다. 《지각대장 존》, 《우리 할아버지》, 《마법 침대》,《야, 우리 기차에서 내려!》,《동물원 가는 길》,《구름 나라》, 《셜리야, 이제 목욕은 그만!》,《검피 아저씨의 뱃놀이》 등은 누구나 다 아는 책들이지요. 그의 책들 대부분이 우리나라에 번역 출간되었습니다.

이 책의 그림 작가, 헬렌 옥슨버리(1938~)는 영국 이프스위치에서 태어났습니다. 어려서부터 그림 그리는 것을 좋아해서 하루 종일 그림을 그렸다고 합니다. 방학 때는 극장의 무대 디자인을 돕기도 했다고 합니다. 런던 센트럴 아트스쿨에서 그림 공부를 하다가 존 버닝햄을 만나 결혼했고, 남편의 영향으로 그림책 일을 시작했다고 합니다. 작가의 그림은 부드러운 선, 따뜻한 색감, 아이들에 대한 탁월한 관찰력과 섬세한 표현이 돋보인다는 평을 받고 있습니다.

작품들로는 《꽝글왕글의 모자》,《이상한 나라의 앨리스》,《빅 마마, 세상을 만들다》,《곰 사냥을 떠나자》,《아기 늑대 세 마리와 못된 돼지》,《찰리가 온 첫날 밤》,《용감한 잭 선장과 해적들》 등이 있습니다.

이 책의 줄거리는요?

어느 날, 엄마가 곧 동생이 태어난다고 말합니다. 아이는 자꾸만 여러 가지 생각이 납니다. 그래서 엄마에게 언제 태어나는지, 이름은 뭐라고 지을 건지, 동생은 뭐가 될지 등등을 물으며 다양한 상상을 해봅니다. 엄마와 함께 식당에 갈 때면 요리사가 된 동생을, 미술관에 가서는 화가가 된 동생을 상상해봅니다. 그러다가 심통이 나기도 합니다.

　엄마의 배는 점점 불러오고, 아이의 상상은 더욱 다양해집니다. 동생이 정원사가 되기도 하고, 동물원에서 일하기도 하고, 선원이 되어 함께 여행하기도 합니다. 때로는 걱정도 하고, 때로는 기대도 하며 동생이 태어나기를 기다립니다. 동생이 태어나지 않았으면 하는 생각도 하지요. 어느덧 시간이 흐르고, 아이는 할아버지와 함께 동생을 보러 병원으로 갑니다. 동생이 태어나면 많이 사랑해줄 거라고 말합니다.

이 책을 읽고 이렇게 이야기를 나누어보세요.

1. 이야기 알기
   1) 주인공은 새로 태어날 동생에 대해 마음이 어떻게 변해갔나요?
   2) 이 책을 읽고 난 느낌을 말해보세요.
2. 그림 자세히 살피기
   1) 엄마가 "동생이 태어날 거야"라고 말한 뒤부터 동생이 태어날 때까지는 시간이 얼마나 흘렀을까요? 그림을 보면서 이야기해봅시다.
   2) 주인공은 동생이 태어날 때까지 엄마와 어떻게 시간을 보냈나요? 그림을 보면서 말해봅시다.
3. 등장인물 되어보기
   1) 형, 누나, 언니, 동생이 있는 사람들은 무엇을 하면서 같이 놀까요?

2) 동생이 태어나면 여러분은 어떤 마음일까요?

이야기를 나눌 때 이런 점을 유의하세요.

이 책은 동생이 태어나는 것에 대한 불안과 기대를 잘 묘사해놓은 작품입니다. 이 책을 읽을 때 동생에게 엄마, 아빠의 사랑과 손길을 빼앗겨본 경험이 있는 아이와 없는 아이는 책 내용에 대한 이해와 느낌이 다를 것입니다. 책을 읽을 때 해석을 다르게 하기 때문입니다.

이 책을 읽고 난 다음 아이들이 자신의 생각과 느낌을 자유롭게 표현해보게 하는 것이 좋습니다. 책을 읽고 자신의 생각과 느낌을 표현한다는 건 책 내용을 그냥 수동적으로 받아들인 것이 아니라 적극적으로 생각하면서 읽었다는 뜻이기 때문입니다. 다른 아이들이 저마다 다른 생각들을 이야기하는 것을 들으면 자기의 생각과 다른 사람의 생각이 서로 어떻게 다른지 이해하게 되어, 책 내용을 너무 주관적으로 해석하지 않고 적절히 객관적으로 이해할 수 있기 때문이기도 하지요.

book_ 17

글·그림_ 앤서니 브라운

옮김_ 허은미

출판사_ 웅진주니어

추천 연령_ 만 3~5세

주제_ 여성 문제, 가족 문제

돼지책

이 책은 어떤 책인가요?

'돼지책'인데 정작 돼지는 안 보이고 사람들만 나와서 소리를 질러대네요. 책장을 넘기면 점차 집 안의 벽이며, 액자들, 소품들에서 돼지가 보이기 시작합니다. 밥만 먹고, 다른 사람은 전혀 배려하지 않는 사람들은 돼지 같은 인간들일까요? 가족들이 한 사람에게만 모든 일을 다 맡겨놓고, 밥 달라고 소리만 지르면 남편이건 아이이건 한 대 쥐어박고 싶겠지요. 여자도 분명 숨이 막힐 듯한 순간이 있습니다. 그런데 남자들은 전혀 눈치채지 못할 때가 있지요. 그때는 한 번 반란을 일으키고 싶기도 하겠지요. 이런 일들은 인간 삶에서 흔히 일어나는 일들이고 경험하는 일이지만, 아무도 대놓고 이야기를 하려 하지 않습니다. 이 책의 작가는 여자도 아니고 남자인데 이런 책을 썼네요. 어른인 제가 읽어도 카타르시스가 되는 책입니다.

작가는 아이들도 어른들이 사는 세상을 한 번쯤 심도 있게 들여다보고 생각을 좀 해보라고 말하는 것 같습니다. 아주 묵직한 주제를 재치 있고, 간결하고, 유머러스하게 표현합니다. 엄마의 고달픈 하루를 어린아이라고 몰라도 되는 것은 아닙니다. 노동은 가족공동체의 일원이라면 반드시 담당해야 할 소중한 가치이지요. 아이에게도 어른에게도 진한 감동을 주는 책입니다.

앤서니 브라운의 다른 책들도 그렇지만 이 책 역시 그림을 읽는 재미가 솔솔합니다. 숨은그림찾기라도 하라는 듯 곳곳에 의미 있는 그림들을 숨겨두고 있습니다. 그런 그림들을 찾고 의미를 생각해보는 것도 참 재미있는 일입니다.

이 책의 작가는요?

이 책의 작가, 앤서니 브라운(1946~)은 영국 요크셔의 세필드에서 태어났습니다. 그의 작품들은 완벽한 구성, 간결한 글, 세밀하면서도 이색적인 그림들이 특징입니다. 작가의 그림들은 마치 숨은그림찾기를 위한 것처럼 기발한 아이디어로 충만합니다. 책들은 대부분 깊은 주제를 지니고 있으며 그것을 간결하면서도 유머러스하게 표현합니다. 어린이들을 위한 작품이지만 어른들이 사는 세상을 한 번쯤 깊이 생각해보라고 말하는 것 같습니다.

작가는 1976년 《거울 속으로》를 발표하고 이후 끊임없이 책을 내놓아 책이 참 많습니다. 우리나라에는 현재까지 30여 권의 책이 번역되어 있습니다. 그는 《고릴라》와 《동물원》으로 케이트 그린어웨이 상을, 2000년에는 그림책 작가로서 최고의 영예인 한스 크리스티안 안데르센 상을 수상했습니다. 《앤서니 브라운의 행복한 미술관》, 《우리 엄마》, 《우리 아빠》, 《우리 형》, 《숨바꼭질》, 《기분을 말해 봐!》 등은 너무나 잘 알려진 책들입니다. 지금도 세계 여러 나라에서 그의 작품 전시회가 열리고, 그런 전시회에 70세 중반이 넘은 작가가 초빙되어 세계 여러 나라 어린이들과 만나고 있다고 합니다.

이 책의 줄거리는요?

멋진 옷을 입은 피곳 씨가 두 아들과 함께 깔끔하고 멋있는 집 앞에 서 있습니다. 엄마는 집 안에 있는 것 같습니다. 곧이어 피곳 씨와 두 아들은 식탁에 앉아 있고, 아빠는 신문을 읽고, 두 아들은 밥 달라고 소리를 질러댑니다. 식탁은 여러 가지 물건들이 어지럽게 놓여 있네요. 피곳 씨와 아이들은 집안일을 엄마에게만 다 맡기고 자기들은 아무것도 하지 않습니다. 엄마는 설거지, 바닥 청소, 침대 정리를 하고 일하러 나가야 합니다. 아침 시간이지만 엄마는 벌써 너무 지쳐서 세상이 온통 누렇게 보입니다.

아이들은 학교에서 돌아와 무슨 대단한 일이라도 한 듯이 엄마에게 빨리 밥을 달라고 소리 지릅니다. 저녁을 먹고 아이들은 옷도 벗지 않고 TV 앞에 널브러져 있습니다. 엄마는 설거지를 하고, 빨래를 하고, 다림질을 하고, 먹을 것을 조금 더 만듭니다.

어느 날, 엄마는 가족들에게 '돼지'라고 쓴 쪽지 하나를 남기고 집을 나갑니다. 다음 날 아침부터 당장 피곳 씨는 밥을 해야 하고 청소도 해야 합니다. 집 안은 점점 돼지 소굴로 변해갑니다. 집 안의 소품들도, 세 남자의 얼굴들도 돼지로 변해갑니다. 창밖에는 돼지를 잡아먹으려는 듯 늑대가 보입니다. 한참을 지나 엄마가 나타났습니다. 피곳 씨와 두 아들은 엄마 앞에 무릎을 꿇고 엎드려 절하며 제발 돌아와달라고 애걸합니다. 이제 온 가족이 가사 노동을 분담합니다. 엄마도 많이 밝아졌습니다. 엄마의 우중충한 옷 색깔도 이제는 빨간색으로 바뀌었습니다.

이 책을 읽고 이렇게 이야기를 나누어보세요.

1. 이야기 알기

   1) 엄마가 왜 편지를 남기고 집을 떠났을까요?

   2) 엄마가 떠난 뒤 아빠와 두 아들은 무슨 생각을 했을까요?

2. 그림 자세히 살피기

   1) 표지 그림을 살펴보고, 무슨 뜻인지, 무슨 이야기가 나올 것인지 말해봅시다.

   2) 아빠와 아이들의 얼굴이 돼지 얼굴에서 사람 얼굴로 변한 이유는 무엇일까요?

3. 등장인물 되어보기

   1) 아빠와 아이들이 아무것도 하지 않으면서 밥 달라고 소리칠 때 엄마는 어떤 기분이었을까요?

   2) 엄마가 돌아오기 전까지 아빠와 아이들은 어떤 마음이 들었을까요?

이야기를 나눌 때 이런 점을 유의하세요.

사고는 하면 할수록 그 깊이와 폭이 달라집니다. 사고를 잘하기 위해서는 자꾸 사고를 활성화시켜야 합니다. 사고의 활성화를 위해서는 책을 읽는 것이 가장 효과적입니다. 특별히 이 책은 고등 수준의 사고 훈련을 하기에 아주 좋은 책입니다.

사고에는 기초 수준의 사고가 있고, 고등 수준의 사고가 있습니다. 책을 읽으면서 어른들은 아이가 고등 수준의 사고를 할 수 있도록 도와주어야 합니다. 예를 들면, "엄마가 무슨 편지를 남겼니?"라고 물으면 기초 수준의 사고를 요구하는 질문이고, "엄마가 왜 이런 결정을 했을까?" "엄마가 나가고 난 뒤, 나머지 가족들은 어떤 생각을 했을까?" "오늘 이 책을 읽고 난 다음 네 마음속에 어떤 생각이 드니?"라고 물으면 고등 수준의 사고를 요구하는 질문입니다. 책을 읽고 생각을 나누는 일은 매우 중요합니다. 가능하다면 아이가 고등 수준의 사고를 할 수 있도록 질문해야 합니다.

book_ 18

글·그림_ 모리스 샌닥

옮김_ 조동섭

출판사_ 시공주니어

추천 연령_ 만 3~5세

주제_ 어른과 아이 사이의 갈등과 해소

범블아디의 생일 파티

이 책은 어떤 책인가요?

그림책의 거장, 모리스 샌닥(Maurice Sendak)의 마지막 작품입니다. 어른과 아이 사이의 갈등과 해소를 다룬 책이지요. 모리스 샌닥은 아이들의 삶을 밝고 아름다운 면만을 묘사하기보다 진실되게 표현하려 애썼다고 합니다. 이 책 역시 아이들이 세상을 살아가면서 겪는 여러 가지 삶의 경험들을 진실하게 표현합니다. 아이들의 삶에는 환하고 밝은 면만 있는 것이 아니라 갈등, 두려움, 고통도 있기 마련이지요. 아이들은 이런 세상에 맞서 이기며 살아가야 합니다. 이 책은 아이들의 마음 밑바닥에 있는 욕망과 갈등을 진실하게 그리고 있습니다.

주인공 범블아디는 매우 사랑스럽고 똑똑한 아이입니다. 가족들이 모두 죽고 고아가 된 범블아디는 아주 인자한 고모의 보살핌을 받으며 살고 있습니다. 이 아이는 아직 한 번도 생일 파티를 열어보지 못했습니다. 돌아가신 부모님들이 좀 무심했는지도 모릅니다. 범블아디는 여러 가지 이유로 외로움과 쓸쓸함과 두려움을 가지고 살아가고 있었는지도 모르겠습니다. 생일 파티를 열어 친구들과 함께 즐김으로 이 두려움과 외로움에서 벗어나고자 하는 욕망이 마음 밑바닥에 있었겠지요. 범블아디는 고모의 생각과는 다른 시끌벅적한 파티를 열고 고모로부터 야단을 맞습니다. 그리고 곧 고모의 용서와 사랑으로 고모 품에 다시 안기는 따뜻한 이야기입니다.

그림책은 이처럼 우리들에게 상상, 희망, 변화, 다양성 등을 제공하면서 우리로 하여금 우울하지 않게 합니다. 그림책을 읽는 우리들은 변화를 기대하고 상상하면서 희망을 가지게 됩니다.

이 책은 곳곳에 재치와 유머가 담겨 있습니다. 작가는 그림책의 거장답게 이 책에서 글과 그림의 역동적 관계를 최대한 살렸습니다. 그림은 수채 물감과 색연필로 인물의 표정을 실감나게 표현하고 있습니다. 그림 속에 필기체의 글씨로 된 글 판을 넣어 책을 읽으면 마치 대화체의 이야기를 듣고 있는 듯한 느낌이 들게 했습니다. 이 책도 작가의 다른 작품들과 마찬가지로 놀이가 일어나는 장면에서는 글을 완전히 없애고 화면 가득 그림으로 채워 아이들이 놀이에 완전 몰입하게 만들고 있습니다.

이 책의 작가는요?

이 책의 작가, 모리스 샌닥(1928~2012)은 그림책의 역사를 바꾸어놓은 '그림책의 거장'이라고들 하지요. 미국 뉴욕시 빈민가 브루클린에서 유대계 이민자의 막내아들로 태어났습니다. 어려서부터 병약해서 친구들과 마음껏 뛰어놀지 못하고 창밖으로 친구들이 노는 모습을 지켜보거나 드러누워 친구들의 노는 소리를 들어야만 했습니다. 아버지가 들려주는 이야기를 즐겨 듣고, 그림 그리기를 좋아했다고 합니다. 내성적이고 섬세한 성격이었다고 합니다.

작가는 학교 수업에 거의 관심이 없었지만 고등학교 때 창의적이고 온화한 선생님을 만나 화가로서의 재능을 발휘하기 시작했다고 합니다. 졸업 후에는 뉴욕의 아트 스튜던트 리그에서 일러스트레이션을 공부했습니다.

다른 작품들로는 《깊은 밤 부엌에서》, 《괴물들이 사는 나라》, 《아주 머나먼 곳》 등이 있습니다. 1963년 《괴물들이 사는 나라》로 칼데콧 상을 수상했고, 1970년에는 한스 크리스티안 안데르센 상을 수상했습니다. 1996년에는 미국 예술 분야에 세운 공로를 인정받아 국가예술훈장을 받았으며, 2003년에는 아스트리드 린드그렌 상의 첫 번째 수상자가 되었습니다.

이 책의 줄거리는요?

범블아디는 여덟 살이 되도록 한 번도 생일 파티를 열어보지 못했습니다. 가족들이 무심했던 것 같습니다. 그런데 어쩌다가 가족들이 다 잡아먹히고, 범블아디 혼자만 살아남았습니다. 마음씨 착한 고모가 범블아디를 보살피게 되었습니다. 범블아디의 생일이 되었고, 고모는 생일 선물과 함께 간단한 생일 파티를 열어주었습니다. 그런데 범블아디는 고모가 생각하는 파티보다는 다른 생일 파티를 열고 싶었습니다. 고모가 일을 나간 사이 범블아디는 친구들을 불러 다시 생일 파티를 합니다. 그야말로 집 안이 난장판이 되었습니다. 고모는 범블아디와 저녁을 먹기 위해 서둘러 집으로 돌아옵니다. 문이 부서지고, 집 안이 온통 지저분해지고, 먹고 마시며 엉망이 된 돼지들을 본 고모는 까무러치듯 놀랍니다. 당장 나가라고 소리칩니다. 고모는 범블아디에게 이제 다시는 생일 파티를 열어주지 않겠다고 으름장을 놓습니다. 범블아디는 겁에 질렸습니다. 고모의 허락 없이 생일 파티를 한 걸 후회했는지도 모르겠습니다. 그러나 고모는 곧 마음을 바꿉니다. 범블아디를 사랑한다고 말하면서 와락 안아줍니다.

이 책을 읽고 이렇게 이야기를 나누어보세요.

1. 이야기 알기
   1) 범블아디의 생일이 다가오자 고모와 범블아디는 각각 어떤 파티를 열 계획이었을까요?
   2) 고모는 왜 끝까지 화를 내지 않고 마음을 고쳐먹었을까요?
2. 그림 자세히 살피기
   1) 범블아디는 고모로부터 어떤 생일 선물을 받았나요?
   2) 고모가 나가고 범블아디와 친구들은 어떻게 생일 파티를 열었나요?
3. 등장인물 되어보기
   1) 고모가 나가고 범블아디가 친구들을 불러 모아 생일 파티를 열었을 때 범블아디는 어떤 기분이었을까요?
   2) 고모가 집에 돌아와 집 안이 엉망진창인 것을 보았을 때 어떤 기분이었을까요?

이야기를 나눌 때 이런 점을 유의하세요.

그림책은 글과 그림으로 이야기를 전하는 책입니다. 글이든 그림이든 그 속에는 이야기가 들어 있습니다. 이야기란 무엇일까요? 이야기는 사건의 흐름을 진술해놓은 것입니다. 사건이란 시간의 흐름이나 공간의 이동에 따라 인물이 주어진 상황에서 어떤 생각을 하고, 어떻게 느끼고, 어떻게 행동했느냐의 문제입니다. 다시 말하면, 이야기는 '처음에는, 그다음에는, 마지막에는 주인공이 어떻게 했느냐?'로 서술됩니다. 즉 이야기는 시작, 중간, 끝이 있다는 뜻이지요. 달리 말하면, 사건은 정적이 아니라 동적이라는 뜻입니다. 즉 변화가 있다는 말입니다.

조건이 변하고, 상황이 변하고, 주인공의 생각과 느낌도 변하고, 다 변합니다. 변화가 없으면 이야기가 될 수 없습니다. 변화가 없으면 상상이 없고 희망이 없고 다양성도 없습니다. 그런 책은 재미가 없습니다. 그런데 이 책은 이런 '변화'가 확실하게 서술되어 있습니다. 이 책은 사건의 추이를 따라 일어나는 주인공이나 고모의 생각, 느낌, 행동의 변화를 짚어보는 것이 핵심입니다.

book_ 19

글·그림_ 가브리엘 뱅상

옮김_ 햇살과나무꾼

출판사_ 황금여우

추천 연령_ 만 3~5세

주제_ 준비해서 소풍 가기

비 오는 날의 소풍

이 책은 어떤 책인가요?

생애에서 가장 기억에 남는 일을 하나 말해보라면 어떤 것이 기억날까요? 만약 비 오는 날, 부모님과 함께 소풍을 간 적이 있다면 그것은 아마 평생 잊지 못할 것입니다. 이런 부모를 가진 아이라면 무척 행복한 사람이겠지요. 이런 아이들은 절대 곁길로 갈 수 없을 것 같습니다. 여기 따뜻한 이야기가 있습니다. 가브리엘 뱅상(Gabrielle Vincent)이 지은 《비 오는 날의 소풍》입니다. 이 책은 '에르네스트와 셀레스틴' 시리즈 중 한 권입니다. 이 시리즈의 책들이 다 따뜻한 이야기들이지만 특별히 이 이야기는 정말 가슴이 더 따뜻해지는 이야기입니다.

이 시리즈는 곰인 에르네스트 아저씨와 작은 생쥐 아가씨인 셀레스틴이 함께 생활하면서 겪는 여러 가지 이야기들을 잔잔하게 엮어 나간 작품들입니다. 셀레스틴은 호기심이 많고 명랑하며, 에르네스트 아저씨는 셀레스틴의 의견을 잘 들어주는 다정다감한 아저씨로 등장하지요.

《비 오는 날의 소풍》은 제목에서도 짐작되듯이 에르네스트와 셀레스틴이 소풍을 가기로 했는데 비가 옵니다. 매우 들떠 있던 셀레스틴이 실망합니다. 그것을 본 에르네스트 아저씨가 "비 안 오는 셈 치고 소풍을 떠나면 어떨까?"라고 제안해서 소풍을 가는 이야기입니다.

글은 군더더기 없이 간결한 문체로 꼭 필요한 말만 합니다. 예쁜 그림들이 거의 모든 이야기를 다하고 있습니다. 그림이 인물의 감정과 생각, 행동들을 다 묘사해주는 셈이지요. 이 책은 그림을 좀 자세히 생각하면서 볼 필요가 있습니다. 비 오는 날, 밖에 나가기 힘들 때 아이와 함께 이런 책을 읽으면 참 좋겠습니다.

이 책의 작가는요?

이 책의 작가, 가브리엘 뱅상(1928~2000)은 화가이자 작가입니다. 본명은 모니크 마르탱(Monique Martin)입니다. 벨기에 브뤼셀에서 태어났습니다. '에르네스트와 셀레스틴' 시리즈로 유명하며 벨기에 최고의 그림책 작가로 평가받고 있습니다. 작가는 1960년대까지는 주로 흑백 그림을 많이 그렸고, 이후에는 수채화, 파스텔화, 유화 같은 기법들을 사용해 색깔 있는 그림을 많이 그렸습니다. 생을 마감하기까지 거의 1만 점에 가까운 작품들을 남겼습니다. 비평가들은 작가의 작품에서 힘과 절제와 감성이 잘 느껴진다고 평을 합니다.

다른 작품들로는 《박물관에서》, 《크리스마스 파티》, 《시메옹을 잃어버렸어요》, 《곰인형의 행복》, 《떠돌이 개》, 《꼬마 인형》, 《거대한 알》 등이 있습니다.

이 책의 줄거리는요?

결코 어울릴 수 없는 곰과 생쥐가 무슨 연유인지 함께 살고 있습니다. 사람처럼 옷을 입고, 아빠와 딸처럼 함께 무엇을 준비하고 있습니다. 소풍을 간답니다. 소풍을 가기 위해 먹을 것을 많이 준비합니다. 셀레스틴은 무척 들떠 있지요. 그런데 어쩌지요? 아침에 일어나 보니 비가 내립니다. 그것도 많이 오고 있네요. 셀레스틴은 실망했습니다. 이리저리 자리를 옮기며 자세를 바꾸어봅니다. 창가에 기대어 서서 몸을 웅크리고 고개를 숙이고 있습니다. 의자에 기대어 다리를 까닥거려보기도 합니다. 매우 실망한 셀레스틴을 보고 에르네스트가 말합니다. "비 안 오는 셈 치고 소풍을 떠나면 어떨까?"라고요. 둘은 마치 쨍쨍한 햇빛이 난 것처럼 생각하며 비를 맞으며 즐겁게 소풍을 갑니다. 소풍을 말리는 사람도 있습니다. 그러나 소풍은 진행됩니다. 아니, 소풍을 말리는 사람에게 차 대접까지 합니다. 집으로 모셔오기까지 합니다.

이 책을 읽고 이렇게 이야기를 나누어보세요.

1. 이야기 알기
    1) 책 표지의 그림과 제목을 보면서 무슨 이야기가 나올지 말해보세요.
    2) 에르네스트 곰 아저씨는 처음에는 소풍을 가지 못할 것 같다고 말했다가 나중에 왜 소풍을 가기로 결정했을까요?

2. 그림 자세히 살피기

   1) 본문 6쪽, 셀레스틴은 왜 창가에 기대서 있을까요? 무슨 생각을 하고 있을까요?

   2) 본문 6쪽, 셀레스틴은 무엇을 하고 있는지 그림을 보면서 차례대로 말해봅시다.

3. 등장인물 되어보기

   1) 비가 와서 소풍을 갈 수 없다는 말을 들은 셀레스틴은 어떤 기분이 들었을까요?

   2) 남들이 쳐다보는 가운데 비 오는 날 소풍 가는 에르네스트 아저씨의 기분은 어떨까요?

이야기를 나눌 때 이런 점을 유의하세요.

이 책에서 글은 꼭 필요한 말만 하고, 그림이 거의 모든 이야기를 다 해주고 있습니다. 작가는 각 장면을 치밀하게 계획해 표현합니다. 인물의 표정과 몸짓, 소품, 위치 등 그 어느 것도 의미 없이 아무렇게나 나열한 것이 없습니다. 각 장면을 잘 연결해 이야기를 부드럽게 이어가고 있지요. 이 책은 이야기를 하는 사람의 해설이나 중재 없이 등장인물의 대화만으로 이루어져 있습니다. 글과 그림이 서로 교차하면서 이야기를 엮어 나가는 영화 기법을 많이 사용하고 있지요. 즉 이야기하기(telling)보다는 보여주기(showing)에 초점을 맞추고 있습니다. 이런 책은 특별히 그림 읽기에 주의를 기울여야 합니다. 그림을 보면서 무슨 일이 일어났으며, 인물의 감정과 생각이 어떻게 변해가고 있는지에 초점을 맞추어야 합니다. 앞의 질문들을 중심으로 그림을 자세히 살펴보게 하고, 각 그림을 자세히 기술해보게 하는 것이 좋겠습니다.

book_ 20

글·그림_ 몰리 뱅

옮김_ 박수현

출판사_ 책읽는곰

추천 연령_ 만 3~5세

주제_ 감정 다스리기

소피가 화나면, 정말 정말 화나면

이 책은 어떤 책인가요?

이 책은 칼데콧 상뿐만 아니라 여러 가지 상을 많이 수상한 책입니다. 상을 받은 책들이 다 좋은 책은 아니지만 일단 그럴 가능성이 높지요. 이 책은 아이가 화를 내고, 그 화를 어떻게 다스리는지 잘 보여주는 책입니다. 좋은 책은 그 내용이 아이들의 삶을 다루고 있는 책입니다. 아이들이 웃고, 떠들고, 좋아하고, 싫어하고, 화나고, 울고, 미워하고, 용서하고, 아끼는 등 아이들의 일상적 삶을 보여주는 책이지요.

이 책은 소피가 언니와 엄마 때문에 화가 났고, 그 화를 견디기 어려워 밖으로 달려 나가 집 근처 숲에서 화를 달래고 집으로 돌아온다는 매우 간단한 이야기입니다. 아무리 어린아이라 할지라도 화가 날 때가 있기 마련이지요. 화가 난다고 무한정 폭발해서야 될까요? 적절한 수준에서 화를 내고, 또 그것을 적절하게 다스릴 줄도 알아야 정서적으로 건강한 사람 아닐까요?

이 책은 '화'의 문제를 적절하게 다루고 있는 점이 좋기도 하지만, 그림이 그 감정들을 너무 생생하게 표현하고 있어 참 좋습니다. 화가 났을 때는 색이나 선이 빨강색과 불길 같은 날카로운 선을 사용해 화를 충분히 잘 표현하고, 화가 진정이 되었을 때는 푸른색과 둥글고 부드러운 선을 사용하여 진정된 분위기를 잘 만들어내고 있습니다.

이 책의 작가는요?

이 책의 작가, 몰리 뱅(1943~)은 전 세계 어린이들이 참 사랑하는 작가입니다. 1943년 미국 뉴저지주에서 태어나 일본, 인도, 방글라데시, 서아프리카 등 여러 나라를 여행하며 일한 경험을 가진 멋진 작가입니다. 작가의 어머니는 병원과 자연사박물관에서 인간과 동물들의 신체 구조를 그리는 일을 했고, 아버지는 병원에서 열대성 질병의 원인을 찾는 연구를 했다고 합니다. 그래서인지 이 작가의 그림책은 자연과 과학에 관한 이야기들이 많습니다.

작가는 대학에서는 그림이 아닌 프랑스어를 전공했고, 대학을 졸업한 후에는 외국에서 영어를 가르치기도 했습니다. 영어를 가르치다 보니 자연히 문학에 관심을 가지게 되었고, 아리조나와 하버드 두 대학에서 석사과정을 밟게 되었습니다. 그러나 그곳에서 학문적 연구가 자신에게 맞지 않다는 것을 깨닫고, 평생 아이들의 책에 그림을 그리기로 작정했다고 합니다. 이 책은 작가의 딸 모니카를 위해 만들어졌다고 합니다. 모니카는 현재 엄마의 영향을 많이 받아 동화 작가가 되었다고 하는군요.

우리에게 잘 알려진 그녀의 다른 작품들로는 《기러기》, 《소피는 할 수 있어, 진짜진짜 할 수 있어》,《소피가 속상하면, 너무너무 속상하면》,《엄마 가슴 속에 언제나 네가 있단다》 등이 있습니다.

이 책의 줄거리는요?

소피가 고릴라 장난감을 가지고 재미있게 놀고 있는데 언니가 와서 빼앗습니다. 엄마마저 언니의 편을 듭니다. 설상가상으로 소피는 장난감 트럭에 걸려 넘어집니다. 소피는 불같이 화가 났습니다. 마치 화산이 폭발한 것 같았습니다. 모든 것을 다 날려버릴 정도로 소리를 지르고는 밖으로 뛰쳐나갑니다. 마구마구 달립니다. 더 달릴 수 없을 때까지 달립니다. 그리고 소피는 한참을 웁니다. 그러는 중에 소피는 바위를, 고사리를, 나무를 바라보기도 하고, 새소리에 귀를 기울이기도 합니다. 그러다가 소피는 커다란 너도밤나무 위에 올라갑니다. 멀리 바다를 바라봅니다. 마음이 많이 진정되었습니다. 소피는 나무에서 내려와 집으로 돌아옵니다. 가족들은 아무 일도 없었다는 듯이 반갑게 소피를 맞이합니다. 다 같이 재미있는 게임을 합니다.

이 책을 읽고 이렇게 이야기를 나누어보세요.

1. 이야기 알기
   1) 소피는 왜 화가 났을까요?
   2) 소피는 화가 나서 어떻게 했나요?
2. 그림 자세히 살피기
   1) 본문 7쪽, 소피의 그림자가 왜 이렇게 크고 빨간색일까요?

2) 본문 17~18쪽, 소피는 너도밤나무 위에서 새소리를 듣고, 파도 소리를 듣고, 바다를 바라보면서 마음이 진정되었을까요? 어떻게 알 수 있나요?

3. 등장인물 되어보기

1) 소피처럼 소리를 크게 지르면서 화를 내봅시다.
2) 혼자 숲길을 걸으며 소피처럼 막 울어봅시다.

이야기를 나눌 때 이런 점을 유의하세요.

사람은 누구나 화가 날 수 있고, 화를 낼 수 있다는 것을 알게 되면 좋겠습니다. 그러나 화를 어떻게 다스리는지 알면 더 좋겠습니다. 소피가 화가 불같이 났을 때와 밖으로 나가 화를 달랠 때의 모습을 대조해서 연출해보면 이 책을 이해하는 데 많은 도움이 될 것입니다.

book_ 21

글_ 쓰쓰이 요리코

그림_ 하야시 아키코

옮김_ 양선하

출판사_ 한림출판사

추천 연령_ 만 3~5세

주제_ 동생 보살피기

순이와 어린 동생

이 책은 어떤 책인가요?

순이가 언니가 되었음을 깨닫는 이야기입니다. 어느 날 엄마가 동생을 맡기고 잠시 볼일 보러 나갑니다. 언니 순이가 잠깐 땅바닥에 그림을 그리는 사이 동생이 사라집니다. 깜짝 놀란 언니 순이가 정신없이 동생을 찾아다니는 이야기입니다.

아이들이 서너 살 정도가 되면 동생이 생기기도 합니다. 말도 하지 못하는 동생을 끌어안기도 하고, 옷도 입혀주고, 흔들어보기도 하고, 뽀뽀도 하는 장면들을 많이 보셨을 것입니다. 때로 심술을 부리기도 하지만 내심 모두 엄청나게 동생을 사랑합니다.

아이들에게 동생이 얼마나 소중한지, 언니가 되고 오빠가 되는 것이 무슨 의미인지 알게 해주는 참 좋은 책입니다. 대부분의 좋은 그림책들 속에는 이렇듯 생각할 거리들이 많이 있습니다. 생각이 들어 있지 않는 글은 다른 사람을 즐겁게 하지 못합니다. 즉 재미가 없습니다. 생각할 거리가 많다는 것은 책을 읽는 독자가 저절로 이야기를 자기 삶에 비추어 생각하게 된다는 뜻입니다. 한마디로 이런 책을 많이 읽으면 생각할 줄 아는 사람이 된다는 말이겠지요.

이 책의 작가는요?

이 책의 글 작가, 쓰쓰이 요리코(筒井 賴子, 1945~)는 일본 도쿄에서 태어나 학교를 졸업하고 광고 회사에 근무했습니다. 현재는 그림책과 동화 창작에 전념하고 있다고 합니다. 작가는 글도 쓰고 그림도 그립니다. 그녀는 하야시 아키코와 작업을 같이 많이 했습니다. 대표적인 그림책으로 이 책 외에 《이슬이의 첫 심부름》, 《우리 친구하자》 등이 있습니다.

이 책의 그림 작가, 하야시 아키코(林 明子, 1945~)는 우리나라에서 꽤 인지도가 높은 작가입니다. 작가의 작품들은 아이들의 삶에서 흔히 일어나는 평범하고 소박하고 따뜻한 이야기들입니다. 소박한 이야기들을 아이들의 시선에서 사실적으로 묘사하고 있지요. 사실적인 그림들을 그려서 아이들이 그림만 보고도 이야기에 푹 빠져들게 합니다. 대부분의 책들이 우리나라에 번역되어 있습니다. 《달님 안녕》, 《목욕은 즐거워》, 《싹싹싹》, 《구두구두 걸어라》, 《숲 속의 요술물감》, 《오늘은 무슨 날?》, 《나도 캠핑 갈 수 있어!》, 《신비한 크리스마스 이야기》, 《윙윙 실팽이가 돌아가면》, 《나도 갈래》, 《할머니 집 가는 길》, 《오늘도 좋은 하루》, 《종이비행기》, 《무지개산의 비밀》, 《즐거운 빵 만들기》 등이 있습니다.

이 책의 줄거리는요?

순이가 집 밖에서 놀고 있습니다. 엄마가 순이에게 은행에 다녀

오겠다고 말하면서 지금 막 잠이 든 동생을 지키며 여기서 놀고 있으라고 말합니다. 그런데 동생 영이가 금방 잠이 깨 울면서 밖으로 나옵니다. 순이는 영이의 신발을 신겨주고 재미있게 놀게 해주겠다고 달랩니다. 영이가 울음을 뚝 그쳤습니다. 순이가 영이를 재미있게 놀게 해주려고 땅바닥에 기찻길을 그리기 시작했습니다. 그러는 사이 영이가 사라졌습니다. 순이는 깜짝 놀라 영이를 찾기 시작합니다. 순이가 영이를 찾는 동안 몇 번이나 영이와 비슷한 아이들을 보며 착각을 합니다. 순이는 영이를 찾고, 찾아 헤맵니다. 그러다가 놀이터에서 놀고 있는 영이를 발견합니다. 순이는 얼른 달려가 영이를 꽉 껴안습니다.

이 책을 읽고 이렇게 이야기를 나누어보세요.

1. 이야기 알기
   1) 동생이 사라지자 제일 먼저 든 생각은 무엇이었나요?
   2) 놀이터에서 동생을 발견한 순이는 어떻게 했나요?
2. 그림 자세히 살피기
   1) 본문 10~11쪽, 동생이 사라진 지 얼마나 되었을까요?
   2) 본문 12쪽, 순이는 왜 분필을 떨어트렸을까요?
3. 등장인물 되어보기
   1) 동생이 사라진 것을 알고 순이는 어떤 마음이었는지 말로 표현해보세요.
   2) 놀이터에서 동생을 발견했을 때 순이는 어떤 마음이었을까요?

이야기를 나눌 때 이런 점을 유의하세요.

이 책은 그림이 매우 사실적이어서 이야기를 풍성하게 만드는 작품입니다. 그림만 보고도 이야기를 다 알 수 있는 책이지요. 앞의 질문들을 중심으로 이야기를 나눈 뒤 아이들이 그림을 보면서 이야기를 다시 해보게 하면 이야기 내용을 이해하는 데도 도움이 되고, 주인공의 감정도 충분히 이입하게 될 것입니다. '이야기 다시 하기(story retelling)'의 효과는 책 내용을 이해하고 말하기 능력을 신장시키는 데도 크게 도움이 됩니다. 매번 그럴 수는 없겠지만 이 책과 같이 그림이 많은 것을 설명해주는 책은 아이가 다른 가족들에게 그림을 따라가며 이야기를 다시 하게 하면 아이가 매우 좋아할 것입니다.

book_ 22
글·그림_ 조경희
출판사_ 노란돼지
추천 연령_ 만 3~5세
주제_ 가족 사랑

아빠 자판기

이 책은 어떤 책인가요?

그림책 이론에 해박한 조경희 작가의 《엄마 자판기》에 이어 나온 두 번째 작품입니다. 작품의 주제는 《엄마 자판기》와 별반 다르지 않습니다. 아이들은 부모의 사랑을 먹고 자라지요. 아이들은 늘 부모와 함께 몸으로 부대끼며 놀기를 원합니다. 그러나 부모들의 형편은 여의치가 않습니다. 그러나 부모의 마음은 늘 아이에게 쏠려 있지요. 그 마음이 아이의 마음과 닿아 있고, 아이는 그 사랑을 느낄 수밖에 없지요. 부모의 사랑을 먹고 자란 아이들은 정서적으로 안정되고 건전하게 성장할 수밖에 없습니다.

이 작품은 그림책에서 구사할 수 있는 모든 서사적 장치들이 다 동원되어 하나의 결정체를 이룬 것 같습니다. 책의 표지는 이야기 내용을 예측하며 책장을 넘기게 하지요. 책장을 넘기면 이야기는 곧이어 우리가 일상에서 늘 볼 수 있는 장면들로 채워져 있습니다. 아이들은 쉽게 내용을 이해하고 공감하며, 주인공을 동일시하게 됩니다. 책장에 꽂인 책들은 그냥 책만 꽂혀 있는 것이 아니라,

제목들이 다 적혀 있어요. 아이코노그래픽 기술을 적용한 거죠. 글과 그림이 합쳐져서 독자의 의미이해를 증폭시킵니다. 책장에 꽂인 책 제목 하나하나가 먼 딴 세상의 이야기가 아니라 아이들의 실생활과 연결되어 있습니다. 아빠가 귀가하는 늦은 밤 아파트의 장면은 어디선가 본 듯합니다. 백희나 작가의 《달 샤베트》를 본 독자라면 얼른 그 장면이 머리에 떠오를 것입니다. 아이들은 얼마나 신이 날까요? 글과 그림의 대위법적 관계를 이용하여 독자의 몰입감을 높인 장면도 있습니다. 주인공이 아빠의 머리카락을 잡아당기며 하는 말, "이상한 아저씨는… 쿨쿨 잤다"라고 말하고 있지만 그림에서는 아빠는 눈을 뜨고 누워 있습니다. 글과 그림이 서로 다르게 이야기하고 있어서 아이들은 주의를 기울일 수밖에 없지요. 전체적으로 글은 간결하고 그림이 많은 이야기입니다. 그래서 아이들은 그림을 보면서 마음껏 이야기를 해석할 수 있습니다. 이 짧은 지면에 작가가 사용한 이 모든 서사적 장치들을 다 설명할 수는 없지만, 분명 이런 장치들이 독자로 하여금 책을 읽는 재미에 스르르 빠지게 만듭니다. 작가의 역량이 아주 돋보이는 책입니다.

이 책의 작가는요?

이 책의 작가, 조경희(1972~)는 앞에서도 기술했듯이, 충북 제천에서 출생했습니다. 어려서부터 그림 그리기를 좋아했고, 짬이 있을 때마다 늘 그림을 그렸습니다. 대학에서 유아교육을 전공했고, 교사가 되어 자연스럽게 아이들에게 그림책 읽어주기를 좋아했다고 합니다. 아이들에게 좋은 그림책을 읽어주기 위해 작가는 수없이 많은 그림책들을 읽었으며, 자연스럽게 그림책에 관한 공부를 하게 되었다고 합니다. 특히 '그림책의 시각적 표현'에 대해 깊이 연구하고, 실제 그림을 그릴 때 적용하고, 표현하는 작가입니다. 작가는 무엇보다 아이의 진실된 목소리, 아이의 진실된 삶을 표현하고 싶어 합니다. 이번 책도 아빠와 함께 놀게 된다면 어떻게 놀 것인지 아이들의 원함을 미리 조사하고 작업을 시작했다고 합니다. 작가는 지금 '한국그림책학교'에서 매우 활동적으로 일하고 있습니다.

이 책의 줄거리는요?

신우는 아빠와 함께 노는 것이 소원입니다. 그런데 아빠는 늘 바쁩니다. 어느 날 아빠는 달이 두둥실 떠 있는 늦은 시간에 귀가합니다. 그런데 아빠의 모습은 지칠대로 지쳐서 '이상한 아저씨'의 모습을 하고 들어옵니다. 다음 날 아침 아빠는 계속 잠만 잡니다. 신우는 자고 있는 아빠의 머리카락을 잡아당기며 아빠가 약속도 안 지키고, 늦게 오고, 같이 놀아주지 않는다고 소리를 지르며 웁니다. 그런데 어디선가 신우를 부르는 소리가 들립니다. 나와 보니 '아빠 자판기'입니다. 여러 가지 자판기 아빠들이 자기랑 놀아달라고 아우성입니다. 신우는 스포이트맨, 요리맨, 슈퍼맨, 텐트맨, 게임맨, 자유맨을 하나하나 다 눌러봅니다. 신우는 아빠와 함께 얼마나 재미있게 놀았을까요? 현실인 듯 환상인 듯 신우는 신나는 놀이를 경험하지요.

이 책을 읽고 이렇게 이야기를 나누어보세요.

1. 이야기 알기

   1) 신우는 왜 자기 아빠를 '이상한 아저씨'라고 말했을까요?

   2) 신우는 아빠랑 어떻게 놀았나요? 놀이 하나하나를 자세히 이야기해 보세요.

2. 그림 자세히 살피기

   1) 본문 18~19쪽, 신우가 아빠의 핸드폰을 가지고 나간 것을 아빠는 정말 몰랐을까요?

   2) 본문 38~39쪽, 이 그림과 비슷한 그림을 어디서 본 적이 있나요? 볶음밥을 얼마나 많이 만들었을까요?

3. 등장인물 되어보기

   1) 아빠가 쿨쿨 잠만 자자 신우는 어떻게 울었나요? 흉내 내면서 울어봅시다.

   2) 신우가 마지막에 또 "나랑 요리해요"라고 말했을 때 아빠의 마음은 어땠을까요?

이야기를 나눌 때 이런 점을 유의하세요.

이 책은 그림책의 여러 시각적 서사 장치들이 아주 효율적으로 숨겨져 있습니다. 그중에서 특별히 상호텍스트적인 내용과 장면들이 더욱 돋보이네요. 다시 말하면, 다른 책에서 볼 수 있는 내용과 장면들이 패러디되어 곳곳에 숨어있습니다. 이 책을 읽을 때 원본들을 찾아보고 비교하면서 이야기의 맛을 음미해보는 것도 참 좋을 것 같습니다. 원본 책들이 있다면 그것을 가져와 함께 읽으면서 이야기를 나누면 아이들은 훨씬 더 재미를 느끼겠지요. 달이 떠 있는 아파트 모습(백희나의 《달 샤베트》), 신우가 아빠의 핸드폰을 가지고 나가는 장면(존 클라센의 《이건 내 모자가 아니야》), 신우가 입을 크게 벌리고 소리를 지르며 우는 장면(데이빗 섀논의 《안 돼, 데이비드!》), 신우가 자판기 아빠들과 볶음밥을 만드는 장면(채인선 글, 이억배 그림의 《손 큰 할머니의 만두 만들기》) 등은 대표적 예입니다.

book_ 23

글·그림_ 앤서니 브라운

옮김_ 서애경

출판사_ 웅진닷컴

추천 연령_ 만 3~5세

주제_ 그림 즐기기

앤서니 브라운의 행복한 미술관

이 책은 어떤 책인가요?

훌륭한 작가는 많은 이야기들을 그림 속에 숨겨놓아 독자가 그림에서 이야기를 발견하게 만듭니다. 작가가 그림을 그릴 때 하나의 시각적 주제 이상으로 그림 속에 많은 단서들을 숨겨놓는다는 뜻이지요. 독자 입장에서 보면 그림이 열려 있다는 뜻이기도 하고요. 특히 앤서니 브라운의 그림책들이 그러합니다.

이 책을 열면 마치 독자가 미술관에 와 있는 듯한 느낌이 듭니다. 등장인물처럼 그림을 즐길 수 있지요. 그래서 이 책은 마치 독자가 책 속에 나오는 등장인물처럼 그림들을 보면서 즐기면 좋겠습니다.

책 속에는 네 명의 인물이 나옵니다. 엄마, 아빠, 형 조지, 주인공. 네 명의 인물들이 미술관에서 각자 자기 나름으로 그림을 감상하듯이 독자도 각 인물의 입장에서 그림을 감상하면 좋겠습니다. 아니, 그 그림들에다 네 명의 등장인물까지 포함시켜 한 차원 위에서 그림책을 감상하면 좋겠습니다. 영혼이 살아나듯 그림책의 그림들이 차차 생생하게 살아나기 시작할 것입니다. 그림들을 주의 깊게 살펴볼 필요가 있는 책입니다.

이 책의 작가는요?

이 책의 작가, 앤서니 브라운(1946~)은 영국 요크셔의 세필드에서 태어났습니다. 그 지역이 정확하게 어떤 마을인지 잘 모르겠지만 운동을 좋아하고, 예술을 사랑하며, 자연을 사랑하는 사람들이 평화롭게 살아가고 있는 지역이 아닌가 짐작합니다. 앤서니 브라운 역시 그렇게 살았다고 하니 말입니다. 작가의 작품들은 완벽한 구성, 간결한 글, 세밀하면서도 이색적인 그림들이 특징입니다. 그림들은 마치 숨은그림찾기를 위한 그림처럼 기발한 아이디어로 충만합니다. 그의 책들은 대부분 깊은 주제를 지니고 있으며 그것을 간결하면서도 유머러스하게 표현합니다. 어린이들을 위한 작품이지만 어른들이 사는 세상을 한 번쯤 깊이 생각해보라고 말하는 것 같습니다.

작가는 1976년 《거울 속으로》를 발표한 이후 끊임없이 책을 출간해 책이 참 많습니다. 우리나라에는 현재까지 30여 권의 책이 번역되어 있습니다. 그는 《고릴라》와 《동물원》으로 케이트 그린어웨이 상을, 2000년에는 그림책 작가로서 최고의 영예인 한스 크리스티안 안데르센 상을 수상했습니다. 《돼지책》, 《우리 엄마》, 《우리 형》, 《숨바꼭질》, 《기분을 말해 봐!》 등은 너무나 잘 알려진 책입니다. 지금도 세계 여러 나라에서 그의 작품 전시회가 열리고 있고, 그런 전시회에 70세 중반이 넘은 작가가 초빙되어 세계 여러 나라 어린이들과 만나고 있다고 합니다.

이 책의 줄거리는요?

작업실에서 그림을 그리고 있는 한 화가의 모습이 나타나면서 이야기는 시작됩니다. 이 사람이 작가 자신인지 잘 모르겠지만, 어쨌거나 작가가 독자에게 직접 말을 건네는 형식으로 이야기가 이어집니다. 어렸을 때는 뭐가 될지 몰랐지만 어느 해 어머니 생신날에 색다른 곳으로 나들이를 했다고요. 자신이 무엇이 될지 결정된 것은 바로 그날이었다고 말이지요.

그 색다른 곳은 다름 아닌 미술관이었지요. 네 식구는 과거의 모든 영광을 찬란하게 드러내는 듯한 멋진 미술관으로 갑니다. 벽에는 엄청난 그림들이 액자 속에 들어 있고, 여러 가지 그림들은 해석을 위한 단서들을 지니고 있습니다. 엄마는 각 작품들을 열심히 보고 있고, 나머지 세 식구는 대충 보고 있습니다. 엄마를 제외한 아버지와 형, 주인공은 미술관의 그림을 감상하는 것이 별로 재미가 없었다고 말합니다. 미술을 감상하는 내내 아빠는 아재 개그를 하면서 나머지 가족들의 그림 감상을 방해하지요. 그러나 그림들을 감상해 나가면서 차차 영혼들이 살아나기 시작합니다.

가족들이 미술관을 돌아다니면서 점점 좋아할 만한 그림책들을 한 권씩 발견하고, 그림들을 즐기기 시작하기 때문이지요. 그러면서 동시에 가족들이 입고 있는 옷 색깔이 선명하고 밝은 색상으로 바뀌기 시작합니다.

이 책을 읽고 이렇게 이야기를 나누어보세요.

1. 이야기 알기

    1) 이 이야기는 무슨 이야기일까요? 요약해서 한번 말해볼까요?

    2) 가족들은 다 그림 보는 것을 좋아했나요?

2. 그림 자세히 살피기

    1) 본문 7쪽, 엄마는 왜 액자 속에 있고 나머지 가족들은 액자 밖에 있을까요?

    2) 가족들의 옷 색깔이 어떻게 변해갔나요? 왜 그렇게 변했을까요?

3. 등장인물 되어보기

    1) 미술관에서 아빠가 자꾸 웃기는 얘기를 했을 때, 엄마는 어떤 생각이 들었을까요? 엄마 입장에서 한번 이야기해보세요.

    2) 이 책의 주인공은 왜 화가가 되기로 결심했을까요? 그 이유를 말해봅시다.

이야기를 나눌 때 이런 점을 유의하세요.

이 책은 아이들에게 미술의 즐거움을 이해시키기 위해 만든 그림책이었다고 말합니다. 그러나 작가는 지나치게 교육적일 필요는 없다고 말합니다. 그림 찾기 놀이를 하듯 그림책의 그림을 보면서 즐기면 좋겠다고 합니다. 이 책에는 그림 속에 여러 가지 이야기의 단서들, 농담과 유머를 숨겨놓았습니다. 앞의 질문들을 중심으로 그림을 자세히 살펴보고, 자유롭게 이야기를 나누며 반응하면 좋겠습니다.

book_ 24

글·그림_ 마르타 알테스

옮김_ 노은정

출판사_ 사파리

추천 연령_ 만 3~5세

주제_ 할아버지 사랑

우리 할아버지

이 책은 어떤 책인가요?

할아버지 곰과 손자 곰의 이야기입니다. 아니, 할아버지와 손자의 이야기입니다. 할아버지를 바라보는 손자의 마음이 잘 그려진 책입니다. 책장을 넘기면 '이 책을 모든 할아버지와 할머니께 바칩니다'라는 헌사가 나오고, 곧이어 "우리 할아버지가 자꾸 늙어가요"라는 짧은 문장이 나옵니다. 참 쓸쓸한 말이지요. 그 쓸쓸한 한마디 말과 함께 낙엽 한 장이 땅바닥을 뒹굽니다.

사람들은 모두 이렇게 나뭇잎처럼 때가 되면 땅바닥에 떨어지고 뒹굴다가 이 세상에서 영원히 사라지게 되는 것일까요? 약간은 두렵기도 하고, 체념이 되기도 하고, 많은 일들을 포기하게 되네요. 마음이 참 쓸쓸합니다.

치매에 걸린 할아버지, 그 할아버지를 바라보는 손자의 마음이 참 예쁩니다. 이 책은 글 밥이 많지 않습니다. 짧은 글들이 페이지마다 나타납니다. 단문이지만 운율이 느껴져서 마치 한 편의 시를 읽는 것 같습니다. 그림은 배경을 과감히 없애고 흰 공간으로 남겨

두었습니다. 채색도 연한 갈색과 빨강에 가까운 주홍색, 검은색으로만 되어 있습니다. 할아버지는 연한 갈색으로 약간은 생동적이지 못하지만 부드러운 느낌으로, 손자는 조금은 생동적이고 유쾌한 느낌으로 표현했어요. 그림의 가장자리는 테를 두르지 않고, 꼭 필요한 곳에만 테를 그려 넣어 전체적으로 그림이 매우 따뜻하고 온화하게 느껴집니다.

곧 기억을 잃어갈 할아버지와 할아버지를 진심으로 사랑하는 손자의 특별한 관계가 매우 감동적으로 표현되어 있습니다. 할아버지와 손자가 폭신한 의자에 앉아 용감하게 세계를 여행하기도 하고, 보이지 않는 새들의 노랫소리를 듣기도 하는 이 특별한 사랑 이야기를 아이들은 가슴에 영원히 새기게 될 것입니다.

이 책의 작가는요?

이 책의 작가, 마르타 알테스(Marta Altes, 1982~)는 스페인 바로셀로나에서 태어나 그래픽 디자인을 공부했습니다. 어려서부터 그림을 좋아했고, 그림책 작가가 되고 싶었습니다. 그래픽 디자이너로 5년 정도 일하다가 영국으로 건너가 케임브리지대학교에서 어린이 그림책 일러스트레이션 학과에서 석사과정을 마쳤습니다. 작가는 이것이 자신의 인생에서 가장 잘한 일이라고 말합니다. 그래픽 디자인과 어린이 책 일러스트레이션을 체계적으로 공부했다는 뜻이지요.

케임브리지대학교 졸업 작품으로 만든 것이 바로《안돼!》입니다. 다른 책들로는《나는 우리 집 왕》,《작은 꼬마 원숭이의 아주 큰 모험》,《난 세상에서 가장 대단한 예술가》 등이 있습니다. 모두 귀엽고 사랑스러운 캐릭터가 특징이고, 웃음이 번지는 책들입니다. 기대가 촉망되는 신예 작가입니다.

이 책의 줄거리는요?

할아버지 곰과 손자 곰의 이야기입니다. "우리 할아버지가 자꾸 늙어가요"라는 단문의 문장으로 시작합니다. 그 말과 함께 낙엽 한 장이 땅바닥을 뒹굽니다. 손자는 쓸쓸해하는 할아버지의 모습을 뒤에서 지켜봅니다. 손자는 그런 할아버지와 함께 놀기도 하고 할아버지의 눈과 귀가 되어드리기도 합니다. 그러나 아직은 할아버지가 손자의 눈이 되기도 합니다. 손자가 보지 못하는 나뭇가지 위에 앉은 새를 지팡이로 가리키기도 합니다. 예전에는 할아버지와 손자가 폭신한 의자에 앉아 여기저기를 많이 돌아다니기도 했다고 합니다. 요즘에는 할아버지가 집에서도 길을 잃습니다. 할아버지는 손자를 보고 활짝 웃기도 하시지만 때로 알아보지 못하기도 합니다. 할아버지는 때론 어른 같기도 하고 아기 같기도 합니다. 손자는 그런 할아버지를 정말 사랑한다고 합니다. 왜냐하면 할아버지기 때문입니다.

이 책을 읽고 이렇게 이야기를 나누어보세요.

1. 이야기 알기
   1) 손자는 할아버지가 왜 쓸쓸해 보였을까요?
   2) 손자는 할아버지와 어떻게 놀았나요?

2. 그림 자세히 살피기

   1) 본문 14쪽, 손자와 할아버지는 여기저기 많이 다녔다고 했는데 어떻게 다녔을까요?
   2) 본문 15쪽, 할아버지가 TV 앞에서 우산을 들고 있는데 왜 그러셨을까요?

3. 등장인물 되어보기

   1) 할아버지가 손자를 알아보지 못할 때 손자의 마음은 어땠을까요?
   2) 할아버지가 손자랑 놀 때 할아버지의 마음은 어땠을까요?

이야기를 나눌 때 이런 점을 유의하세요.

그림책은 여러 가지 상황에서 사람이 어떻게 생각하고 느끼고 행동하는지에 대해 기술합니다. 이것이 곧 이야기이지요. 이 책은 특별히 손자의 할아버지에 대한 생각, 느낌, 행동에 대해 아주 간결하게 묘사하고 있습니다. 간결한 묘사를 통해 우리는 할아버지에 대한 손자의 복잡한 생각과 느낌과 행동을 이해하게 되지요. 이처럼 그림책은 눈으로 볼 수 없는 것들을 마음으로 읽게 하는 아주 중요한 수단입니다. 보이지 않는 것들을 읽는 능력은 마음으로 읽는 훈련을 해야만 생기는 것입니다. 훈련은 한두 번 해보는 것이 아니라 갈고 닦는 실행을 한다는 뜻입니다.

사람의 마음을 읽지 못한다면 이 세상 사람들과 더불어 살아가기 어려울 것입니다. 마음으로 읽어야 이야기를 이해할 수 있는 그림책들은 참 많습니다. 이 책도 그런 책들 중 하나이지요. 책을 읽을 때 할아버지를 바라보는 손자의 마음에 대해 가능한 한 이야기를 많이 나누십시오. 글로, 그림으로 명확하게 묘사되지 않는 것까지 가능한 한 자세히 말할 수 있도록 유도해보세요.

book_ 25

글·그림_ 존 버닝햄

옮김_ 박상희

출판사_ 비룡소

추천 연령_ 만 3~5세

주제_ 할아버지의 죽음, 추억

우리 할아버지

이 책은 어떤 책인가요?

할아버지와 손녀에 관한 이야기, 존 버닝햄의 《우리 할아버지》입니다. 제게는 할머니, 할아버지에 대한 기억이 없지만, 제가 바로 할머니이고, 제 남편이 바로 할아버지입니다. 손주가 이쁘다는 것은 말할 필요가 없는 사실이고요. 할머니, 할아버지들은 온종일 머릿속에 아니 가슴속에 이 손주들을 담고 살아갑니다.

쓸쓸한 이야기이지만 우리도 언젠가는 죽겠지요. 우리가 죽고 나면 손주들은 우리를 어떻게 기억할까요? 어린 꼬마들에게 이런 문제들을 생각해보게 하는 것이 과연 옳은 일일까요? 예, 옳은 일일 것 같습니다. 이것은 결국 우리들 삶의 문제이니까요.

이 책의 주인공은 할아버지가 돌아가시고 난 뒤, 할아버지와 함께 지냈던 정다운 시간들을 머릿속에 떠올립니다. 할아버지 품에 안기기도 하고, 할아버지와 함께 꽃씨도 심고, 인형 놀이도 하고, 노래도 부르고, 해변가에도 가고…. 정다운 시간뿐만 아니라 어깃장을 놓던 일까지 생각해냅니다. 이것은 절대 지울 수 없는 아이의 기억이고 추억이지요. 기억이 있고 추억이 있는 한 할아버지는 여전히 존재하십니다. 그림책이 아니고 다른 무엇으로 아이들이 이런 문제들에 대해 생각해보게 할 수 있을까요? 그림책은 마력을 지닌 것 같습니다.

이 책의 특징은 쉽고 반복적인 유형의 글과 아이들 시각에 맞춘 그림, 그리고 심오한 메시지입니다. 이 책에서 그림은 작가의 다른 책과 마찬가지로 무채색과 유채색 그림을 사용해 이야기를 효과적으로 전달합니다. 무채색은 할아버지나 손녀의 과거 추억이나 상상을, 유채색은 할아버지와 손녀가 함께하고 있는 사건을 표현하고 있습니다. 유채색의 사건들이 손녀의 추억이 되어 할아버지는 손녀의 마음속에 영원히 존재하게 되겠지요.

이 책의 작가는요?

이 책의 작가, 존 버닝햄(1936~2019)은 영국에서 태어나 영국에서 생을 마감한 영국인들이 가장 사랑하는 작가 중 한 분입니다. 영국의 3대 그림책 작가 중 한 분이지요. 우리나라 사람들에게도 무척 잘 알려진 작가입니다. 그는 어렸을 적부터 학교생활에 잘 적응하지 못해 학교를 여러 군데 옮겨 다녀야 했다고 합니다. 다행히 그는 진보적인 부모님 덕분에 그에게 맞는 좋은 대안학교를 찾을 수 있었고, 그곳에서 자신이 좋아하는 그림을 마음껏 그리며 학교생활을 할 수 있었다고 합니다. 그래서 그런지 대부분 그의 작품들은 어른이 어린이의 시선으로 어린이와 소통할 것을 주장하는 책들이 많습니다.

작가는 세계적으로 유명한 대안학교인 서머힐을 졸업하고, 런던 센트럴 아트스쿨에서 그래픽 디자인과 일러스트레이션을 공부했습니다. 그곳에서 헬렌 옥슨버리를 만나 결혼하고, 평생을 함께 그림책을 그리며 살았지요. 1963년 《깃털 없는 기러기 보르카》를 출간하고, 이 작품으로 케이트 그린어웨이 상을 수상했습니다. 그는 《깃털 없는 기러기 보르카》 이후 60권이 넘는 그림책을 출간했습니다. 《지각대장 존》, 《우리 할아버지》, 《마법 침대》, 《야, 우리 기차에서 내려!》, 《동물원 가는 길》, 《구름 나라》, 《셜리야, 이제 목욕은 그만!》, 《검피 아저씨의 뱃놀이》 등은 누구나 다 아는 책들이지요. 그의 책들이 대부분 우리나라에서 번역 출간되었습니다.

이 책의 줄거리는요?

할아버지가 손을 벌려 "우리 꼬마 아가씨 잘 지냈니?"라며 손녀를 안아주는 장면으로 이야기는 시작됩니다. 할아버지와 손녀는 많은 시간을 함께 보냅니다. 둘은 함께 온실에서 씨앗을 심고, 일어서서 큰 소리로 재미있는 노래도 부르고, 인형 놀이도 합니다. 할아버지는 손녀에게 성경 이야기도 들려줍니다. 때로는 손녀가 말을 함부로 해서 할아버지가 삐치기도 합니다. 또 금방 둘은 함께 합니다. 해변가로 놀러 가기도 하고, 줄넘기도 하고, 배를 타기도 하고, 둘이 손을 꼭 잡고 어딘가로 가기도 합니다. 어느 날부터 할아버지는 무릎에 담요를 덮고 소파에 앉아 계시기만 합니다. 손녀는 어쩔 수 없이 할아버지의 무릎에 앉아 TV를 봅니다. 그런데 아! 할아버지가 더 이상 계시지 않습니다. 손녀는 물끄러미 할아버지의 빈 의자를 바라만 볼 뿐입니다.

이 책을 읽고 이렇게 이야기를 나누어보세요.

1. 이야기 알기

    1) 할아버지와 손녀는 함께 무엇을 하며 놀았을까요?

    2) 손녀는 할아버지와 함께 노는 것이 즐거웠을까요?

2. 그림 자세히 살피기

    1) 본문 25쪽, 할아버지가 왜 무릎에 담요를 덮고 소파에 가만히 앉아 계실까요?

    2) 할아버지의 빈 의자는 무슨 뜻일까요?

3. 등장인물 되어보기

    1) 손녀가 예쁜 말을 하지 않았을 때 할아버지의 마음은 어땠을까요?

    2) 손녀가 자기 의자에 앉아 할아버지의 빈 의자를 바라보며 무슨 생각을 하고 있을까요?

이야기를 나눌 때 이런 점을 유의하세요.

대부분 이 작가의 책은 컬러와 흑백을 대비시킨 그림들이 많습니다. 아이의 세계와 어른의 세계, 혹은 현실과 환상의 세계를 구분해 표현하기 위한 것이지요. 이 책에서는 과거와 현재를 구분하고 있습니다. 흑백 그림은 할아버지와 손녀의 과거의 추억을 그리고 있고, 컬러 그림은 할아버지와 손녀가 현재 놀고 있는 모습입니다. 할아버지가 돌아가시고, 손녀가 의자에 앉아 할아버지의 빈 의자를 바라보며 컬러로 표현된 내용들을 추억해내겠지요. 이 책을 읽으면서 아이들은 손녀의 이런 기억들과 이런 기억들을 추억하는 손녀의 마음을 상상하고 이해하는 것이 핵심입니다.

book_ 26

글·그림_ 앤서니 브라운

옮김_ 장미란

출판사_ 논장

추천 연령_ 만 3~5세

주제_ 형제애

터널

이 책은 어떤 책인가요?

앞에서 '부모의 마음'과 '자식의 마음'을 생각하게 해준 《고릴라》를 읽었으니 이제 형제애를 생각하게 하는 책도 한 권 읽지요. 바로 《터널》이라는 책입니다. 오빠는 오빠, 동생은 동생이지만 형제임을 가르쳐주는 책이지요.

우리나라에는 앤서니 브라운의 책이 많이 번역 출간되어 있습니다. 앤서니 브라운은 우리나라에도 여러 번 방문했습니다. 지금은 어디나 다 마찬가지이지만 특별히 영국이라는 나라가 더 '창의성'을 중요하게 생각하는 나라인 것 같습니다. 이 책 또한 평범한 것을 소재로 삼았지만 창의성이 돋보이네요.

오빠와 동생은 성격도 다르고, 관심도 다르고, 놀이도 다르고 다 다릅니다. 하루는 티격태격하는 아이들을 보다 못해 엄마가 명령을 합니다. "둘이 같이 나가서 사이좋게 놀다 와!" 오빠가 이상한 곳으로 갑니다. 가서 이상한 일을 당합니다. 동생이 형제애를 발휘해 문제를 해결하고 돌아온다는 이야기입니다. 즉 형제가 이상한 경험을 공유하며 서로 깊은 애정을 느끼게 된다는 이야기이지요.

앤서니 브라운의 다른 책들도 마찬가지이지만 이 책은 정말 그림이 압권입니다. 작가는 그림 속에다 그림을 숨겨두고, 의미를 되새기게 하는 특별한 재주를 가진 것 같습니다. 그림을 보는 것만으로도 충분히 재미가 있습니다. 그뿐 아니라 이 책에는 부모와 아이가 함께 나눌 수 있는 이야깃거리가 무궁무진합니다. 이야기 속에 우리들의 삶이 투영되어 있기 때문이지요. '오빠는 오빠, 동생은 동생', '그러나 우리는 형제!', 형제를 가진 모든 인간들이 느끼는 보편적 삶의 진실인 것 같습니다.

이 책의 작가는요?

이 책의 작가, 앤서니 브라운(1946~)은 영국 요크셔의 세필드에서 태어났습니다. 이 작가의 작품들은 완벽한 구성, 간결한 글, 세밀하면서도 이색적인 그림들이 특징입니다. 그의 그림들은 마치 숨은그림찾기를 위한 그림처럼 기발한 아이디어로 충만합니다. 작가의 책들은 대부분 깊은 주제를 지니고 있으며 그것을 간결하면서도 유머러스하게 표현합니다. 어린이들을 위한 작품이지만 어른들이 사는 세상을 한 번쯤 깊이 생각해보라고 말하는 것 같습니다.

그는 1976년 《거울 속으로》를 발표한 이후 끊임없이 책을 내놓아 책이 참 많습니다. 우리나라에는 현재까지 약 30여 권의 책이 번역되어 있습니다. 그는 《고릴라》와 《동물원》으로 케이트 그린어웨이 상을, 2000년에는 그림책 작가로서 최고의 영예인 한스 크리스티안 안데르센 상을 수상했습니다. 《앤서니 브라운의 행복한 미술관》,《우리 엄마》,《우리 아빠》,《우리 형》,《숨바꼭질》,《기분을 말해 봐!》 등은 잘 알려진 책들이지요. 지금도 세계 여러 나라에서 그의 작품 전시회가 열리고 있고, 그런 전시회에 70세 중반이 넘은 그가 초빙되어 세계 여러 나라 어린이들과 만나고 있다고 합니다.

이 책의 줄거리는요?

오빠와 동생은 성격도 다르고, 관심도 다르고, 하는 놀이도 다릅니다. 성격적으로 둘은 서로 맞지 않습니다. 동생은 방에 틀어박혀 앉아 책을 읽거나 공상을 합니다. 오빠는 밖에 나가 웃고, 떠들고, 공놀이를 하며 뒹굴고 놉니다. 오빠는 잠을 잘 자지만 동생은 말똥말똥 깨어 있기도 합니다. 오빠는 몰래 그런 동생의 방에 숨어 들어가 동생을 놀라게 하기도 합니다. 자주 티격태격 싸웁니다. 이런 아이들을 보다 못해 엄마가 소리를 지릅니다. "둘이 같이 나가서 사이좋게 놀다 와!" 오빠는 평소의 오빠답게 이상한 곳으로 갑니다. 동생은 어쩔 수 없이 따라가고요. 오빠는 이상한 구멍(터널) 속으로 들어가버립니다. 그런데 오빠가 오랫동안 나오지 않습니다. 동생은 한참을 기다리다 어쩔 수 없이 오빠를 찾으러 터널 속으로 들어갑니다. 기분이 썩 좋지 않습니다. 어젯밤에 읽었던 책 속에 나왔던 늑대와 거인과 마녀가 나올 것만 같습니다. 그래도 오빠는 찾아야 합니다. 터널을 통과하니 이상한 숲이 나오고 거기에 오빠가 돌이 되어 서 있습니다. 동생은 와락 오빠를 끌어안습니다. 오빠가 마법에서 풀려납니다. 둘은 진한 형제애를 느끼면서 기분 좋게 집으로 돌아옵니다.

이 책을 읽고 이렇게 이야기를 나누어보세요.

1. 이야기 알기

   1) 오빠와 동생은 서로 어떻게 다른가요?

   2) 마법에 걸린 오빠는 어떻게 풀려났나요?

2. 그림 자세히 살피기

   1) 앞 면지와 뒤 면지가 어떻게 다른가요? 이게 무슨 뜻일까요?

   2) 본문 17~18쪽, 터널을 지나면 이상한 숲이 나오는데 이 숲에는 어떤 것들이 있지요? 어떤 느낌이 드나요?

3. 등장인물 되어보기

   1) 터널로 들어간 오빠가 오랫동안 나오지 않자 동생은 어떤 마음이 들었을까요?

   2) 돌이 되어 서 있던 오빠는 어떤 마음이었을까요?

이야기를 나눌 때 이런 점을 유의하세요.

보통 환상 그림책은 세 가지 유형이 있습니다. 첫째, 현실-환상-현실-환상-현실-환상 세계를 상상을 이용해 무한 반복하는 유형입니다. 둘째, 현실-환상-현실로 돌아오는 유형이지만 현실과 환상 사이에는 아무런 장치가 없습니다. 셋째, 현실-환상-현실 유형이지만 현실과 환상의 세계를 연결하는 장치나 통로가 있습니다. 이 책은 세 번째 유형입니다. 예를 들면, 터널이 바로 현실과 환상세계를 오가는 통로입니다. 환상 그림책이 중요한 이유는 아이들이 현실에서 불가능했던 여러 가지 심리적 억압을 환상세계에서 분출하고 돌아온다는 것입니다. 이 책은 터널 너머의 숲속에서 환상적 경험, 즉 초자연적인 문제 해결을 경험하고 돌아옵니다. 그 결과 오빠와 동생은 현실과 환상을 조율할 수 있는 능력을 얻게 되는 것입니다. 현실에서 오빠와 동생은 성격적으로 잘 맞지 않는 형제이지만 환상세계 속에서 형제로서 진한 애정을 경험합니다. 책을 읽는 독자도 이런 환상세계의 경험을 통해 현실과 마주할 수 있는 힘을 얻습니다. 만 4~5세가 되면 현실과 환상세계를 구분할 수 있는 능력이 생깁니다. 그림책 속에서 현실과 환상세계를 구분하면서 환상적 요소들에 대해 주의를 기울이고, 즐길 수 있도록 도와주십시오.

book_ 27

글·그림_ 에즈라 잭 키츠

옮김_ 이진영

출판사_ 시공주니어

추천 연령_ 만 3~5세

주제_ 형제애, 성장

피터의 의자

이 책은 어떤 책인가요?

에즈라 잭 키츠(Ezra Jack Keats)가 만들어낸 아주 귀엽고, 사랑스러운 꼬마 피터의 이야기입니다. 책 표지에 나오는 피터의 모습을 한 번 보세요. 손을 허리에 얹고, 아기와 의자를 번갈아 바라봅니다. 뭔가 중요한 결단을 내릴 것 같습니다. 아마도 의자에 뭔가 아기와 관련한 문제가 얽혀 있는 것 같습니다. 금방 눈치채셨죠? 피터에게 동생이 생겼습니다. 자기가 쓰던 물건을 동생에게 모두 빼앗기고, 마지막 남은 의자까지 동생에게 주어야 할 상황입니다. 의자를 빼앗기지 않기 위해 가출을 결심합니다. '나에게도 관심을 가져달라'는 피터의 귀여운 외침을 한 번 들어보시지요.

피터는 이 책 외에도 약 12권의 책에 등장합니다. 피터의 동생 수지뿐만 아니라 루이, 아키, 애미, 로베르토 등 동네 친구들에 관한 이야기를 합니다. 각 이야기 속에 나타난 피터는 동일한 모습이 아니라 정신적으로 신체적으로 늘 변화하는 모습으로 나타나지요. 즉, 피터의 성장 과정을 잘 보여주고 있습니다. 피터의 이야기들은 모두 피터의 정서적 변화가 섬세하게 표현되어 있습니다.

이 책은 키츠의 다른 책들과 마찬가지로 콜라주 기법이 사용되었습니다. 콜라주 기법이지만 선이 분명하거나 날카롭게 느껴지지 않고 아주 부드럽게 느껴집니다. 그것은 종이나 천 등의 색감이나 무늬를 잘 선택해서 사용했기 때문이지요. 특히 이 책은 콜라주 기법 외에 구아슈와 아크릴을 사용해 이야기 배경을 매우 사실적으로 묘사하고 있습니다. 그림이 사실적이면서도 환상적으로 느껴집니다.

이 책의 작가는요?

이 책의 작가, 에즈라 잭 키츠(1916~1983)는 폴란드계 유대인으로 뉴욕 브루클린의 빈민가 가정에서 태어났습니다. 어릴 적부터 몸이 약해서 친구들과 지내기보다 혼자 있는 시간이 더 많았다고 합니다. 그러기에 그림 그리기를 좋아하게 되었다고 합니다. 고등학교 때는 각종 미술대회에 나가 상을 휩쓸기도 했습니다. 그런데 아버지가 갑작스럽게 돌아가셔서, 그의 미술대학 입학이 좌절됩니다. 아버지가 돌아가시고 얼마 후 아버지의 지갑 속에서 자신의 수상 소식을 다룬 신문 기사 쪽지가 있는 것을 발견하고, 아버지가 자신을 매우 자랑스럽게 생각하고 있었음을 알게 되지요. 그는 그림 그리기에 대한 꿈을 계속 키워갑니다. 정규 과정으로 그림 공부를 하지 못했으나 1963년, 1970년 두 번이나 칼데콧 상을 수상하며 그림책 작가로 성공합니다.

그림책 역사상 최초로 흑인 소년을 주인공으로 내세운 작가입니다. 그것은 그가 어려서 유색인종들과 이웃하여 살았고, 소외된 삶을 살았기 때문이 아닐까 합니다. 어려운 집안 형편 속에서도 꿈과 희망을 버리지 않았고, 늘 소시민들의 삶을 따뜻한 시각으로 바라본 작가이기에 아이들에게 많은 사랑을 받게 되지 않았을까 생각합니다.

이 책의 줄거리는요?

피터는 손을 허리에 얹고, 아기와 의자를 번갈아 바라봅니다. 뭔가 중요한 결단을 내릴 것 같습니다. 피터에게 동생이 생겼습니다. 이름은 수지입니다. 서양이나 동양이나 남자 색깔은 파랑색이고, 여자 색깔은 분홍색인가 봅니다. 피터의 물건들이 하나씩 분홍색으로 칠해집니다. 아주 소박하게 살아가는 가정인 것 같습니다. 피터는 마음이 섭섭합니다. 자기의 물건들이 하나씩 분홍색으로 바뀌어가기 때문이 아니라 부모의 사랑이 자신으로부터 어린 동생 수지에게로 옮아가기 때문입니다.

아직 칠해지지 않은 것이 있습니다. 피터의 의자입니다. 피터는 이제 중요한 결단을 내리려고 합니다. 가출을 결심합니다. 그가 좋아하는 강아지 윌리, 과자와 강아지 비스켓, 파란 의자, 장난감 악어, 어렸을 적 사진을 가지고 가출을 합니다. 가출 장소는 바로 집 앞 담벼락 밑입니다. 가지고 온 것들을 펼쳐놓고, 의자에 앉으려는데 의자가 너무 작습니다. 순간, 피터의 내면에 중요한 변화가 일어납니다. 동생에게 의자를 주기로 마음을 먹습니다.

이 책을 읽고 이렇게 이야기를 나누어보세요.

1. 이야기 알기

   1) 피터는 왜 집에서 도망쳐 나왔을까요?

   2) 피터는 왜 신발을 커튼 밑에 두고 자기는 다른 곳에 숨어 엄마랑 장난을 쳤을까요?

2. 그림 자세히 살피기

   1) 본문 8쪽, 피터는 무엇으로 높은 빌딩을 만들었고, 빌딩은 왜 무너졌을까요?

   2) 본문 19쪽, 피터가 집 안에서 가지고 나온 것들은 무엇인가요?

3. 등장인물 되어보기

   1) 피터의 물건들이 하나둘 분홍색으로 바뀌어갈 때 피터의 기분은 어땠을까요?

   2) 피터가 밖으로 가지고 나온 의자에 앉았을 때 의자가 너무 작아 앉을 수 없게 되자 피터는 어떤 마음이었을까요?

이야기를 나눌 때 이런 점을 유의하세요.

이 책은 성장 동화입니다. 아이는 내적으로 발달할 수 있는 힘을 가지고 있지요. 누가 억지로 아이에게 생각을 집어넣어 성장시킬 것이 아니라 아이 스스로 성장할 수 있는 내적 잠재력을 지니고 있음을 작가는 강조해 이야기하고 있습니다. 이 책은 아이의 성장에 있어 바람직한 부모상을 잘 보여주고 있습니다. 부모는 아이가 스스로 문제를 해결하고 변화된 환경에 적응할 수 있도록 신뢰와 애정을 보여주며 기다려주어야 합니다. 아이가 스스로 문제를 해결했을 때 충분히 격려해주고 기뻐해주어야 합니다. 이것이 작가가 강조하는 부모상입니다.

부모의 사랑을 독차지하던 피터에게 동생이 등장함으로써 겪게 되는 불안감은 아이 스스로 해결하고 극복하지 않으면 안 되는 일이지요. 아이들이 겪는 갈등이나 실패, 좌절을 모른척하지 말고, 따뜻한 시선으로 바라봐주고 기다려주라는 메시지를 던지고 있습니다.

동생이 생긴 아이들과 함께 이 책을 읽고, 아이가 가지고 있는 현재의 불안감이나 원망, 이중적 사고 등에 관해 이야기 나눌 수 있는 좋은 책입니다. 따뜻한 부모의 마음이 되어 아이의 이야기에 귀를 기울여보십시오.

book_ 28

글·그림_ 사노 요코

옮김_ 엄혜숙

출판사_ 상상스쿨

추천 연령_ 만 3~5세

주제_ 나이 든다는 것, 삶의 자세

하지만 하지만 할머니

이 책은 어떤 책인가요?

저는 정년을 한 지가 벌써 몇 해 되었습니다. 요즘은 나이를 의식하여 일을 벌이기보다 정리하는 편입니다. 정리를 하다못해 아무것도 하기 싫을 때가 많습니다. 특별히 머리 쓰는 일은 하고 싶지 않고, 단순노동 같은 일만 하고 싶을 때가 많습니다. 이럴 때 사노 요코의 책이 머리에 떠오르네요.

사노 요코의 책은 아이들보다 어른들이 더 좋아하는 것 같습니다. 이 책 역시 어른들이 참 좋아합니다. 배경 없이 그림만으로 온갖 것을 다 설명해주고 있습니다. 배경이 없어도 책은 전체적으로 매우 따뜻한 느낌이 들고, 리드미컬합니다. 그리고 우리네 삶을 다시 한번 돌아보게 합니다. 특히 노인들의 삶을 말이지요.

우리는 죽기를 희망하며 살아야 할까요? 살기를 희망하며 살아야 할까요? 그래도 때를 알며 사는 게 맞는 것일까요? 저는 학생들과 함께 이야기하며 즐겁게 놀다가도 자주 슬쩍 자리를 비켜주기도 합니다. 나이에 맞게 행동하려 애쓰는 것이지요. 이 책을 읽고 너무 그럴 필요가 없다는 생각을 했습니다. 나이 들어도 사람 속으로 들어가서 무슨 일이든지 즐겁게 해내야 할 것 같습니다. 그림책은 분명 아이들뿐만 아니라 어른들에게도 가르침을 주네요.

이 책의 작가는요?

이 책의 작가 사노 요코(佐野 洋子, 1938~2010)는 일본이 자랑하는 동화 작가, 에세이스트, 그림책 작가이지요. 그녀는 중국 베이징에서 태어나 유년 시절을 보내고 다시 일본으로 건너가 일본 무사시노 미술대학에서 디자인을 공부했습니다. 1967년에 유럽으로 건너가 독일 베를린 조형대학에서 다시 석판화를 공부했습니다.

작가의 그림책들은 아이가 그린 것 같은 그림과 리듬감 있는 글이 잘 어우러지는 아주 멋진 책들입니다. 특히, 《아저씨 우산》과 같은 책들은 그림책을 읽으면 마치 소리까지 들리는 듯한 착각이 들 정도입니다. 대표적인 작품으로는 《100만 번 산 고양이》를 비롯해 《아저씨 우산》, 《하지만 하지만 할머니》 등 자신의 삶을 들여다보는 듯한 책들이 많습니다. 이런 그림책 외에도 《사는 게 뭐라고》, 《죽는 게 뭐라고》, 《시즈코 상》, 《열심히 하지 않습니다》 등 에세이들을 발표했습니다. 2010년 11월 5일 도쿄의 한 병원에서 암으로, 만 72세로 영면했습니다.

이 책의 줄거리는요?

98세인 할머니와 다섯 살 된 고양이가 한집에 살고 있습니다. 할머니는 아주 건강했고, 고양이는 아주 씩씩합니다. 고양이는 특별히 낚시를 좋아하여 날마다 물고기를 잡으러 냇가로 갑니다. 고양이는 물고기를 잡으러 갈 때마다 할머니에게 같이 가자고 꼬십니다. 그러나 할머니는 고개를 저으며 말하지요. 나는 아흔여덟 살인 걸. 이렇게 늙은 할머니가 고기를 잡는 건 어울리지 않아. 하면서 거절합니다.

그런데 할머니의 아흔아홉 번째 생일이 되었습니다. 할머니는 케이크 굽는 것을 좋아하고, 고양이는 할머니가 구운 케이크 먹기를 좋아합니다. 할머니는 고양이에게 케이크에 꽂을 초를 사오라고 합니다. 아흔아홉 개의 초를 사오라고 합니다. 그런데 그만 고양이가 잘못하여 냇물에 초를 빠트리고 맙니다. 겨우 다섯 개의 초를 가지고 집으로 돌아옵니다. 할머니는 약간 실망하지만 그래도 다섯 개의 초를 꽂고 초를 세어봅니다. 하나, 둘, 셋, 넷, 다섯. 와! 할머니가 다섯 살이 되었습니다.

다음 날 고양이가 할머니에게 물고기를 잡으러 가자고 합니다. 할머니는 고양이와 나이가 같으니까 물고기를 잡으러 가겠다고 합니다. 냇가를 건너 훌쩍 뛰기도 하고, 들판을 뛰어다니기도 하고, 꽃향기에 취하기도 합니다. 할머니는 왜 이제야 다섯 살이 되었는지 모르겠다고 말합니다. 다음 생일 때는 꼭 다섯 개의 초를 사오라고 고양이에게 부탁하기도 합니다.

이 책을 읽고 이렇게 이야기를 나누어보세요.

1. 이야기 알기

　　1) 할머니는 처음에 고양이가 "고기 잡으러 가요"라고 했을 때

왜 거절했을까요?

　2) 할머니가 다섯 개의 초를 꽂고 생일 파티를 하고 난 뒤 할머니에게 어떤 변화가 일어났나요?

2. 그림 자세히 살피기

　1) 본문 8쪽, 고양이가 낚시하러 가고 나면, 할머니는 어떤 모습으로 앉아 있었나요?

　2) 본문19쪽, 할머니가 고양이와 함께 낚시를 하고 집으로 돌아올 때의 모습은 어땠나요?

3. 등장인물 되어보기

　1) 여러분의 할머니, 할아버지는 주로 어떻게 생활하고 계신가요? 어떻게 사셨으면 좋을까요?

　2) 할머니가 고양이와 함께 냇물을 '풀쩍'하고 뛰어넘으며, 아이처럼 냇가에 들어가 물고기를 잡을 때 기분이 어땠을까요?

이야기를 나눌 때 이런 점을 유의하세요.

　아이들이 그림책을 읽을 때 즐거움을 느끼는 것은 크게 세 가지에 기인한다고 합니다. 첫째는 생각거리가 많은 책을 읽으면서 의미를 생각하고 해석하는 것이고, 둘째는 그런 생각들을 자유롭게 표현하는 거라고 합니다. 셋째는 책을 읽으면서 느끼는 자신의 생각들을 다른 사람들과 함께 이야기를 나눌 때 즐거움을 느낄 수 있다고 합니다. 즉 자신의 생각을 확인하고, 다른 사람의 생각과 얼마나 같고 얼마나 다른지 확인하는 데 있겠지요.

이 책은 참 생각거리가 많은 책입니다. 나이가 든다는 것의 의미와 나이에 맞게 산다는 것의 의미가 무엇인지, 어린 아이들이 깨닫기에는 좀 어려운 주제이지요. 그러나 주변의 어른들을 생각하며 어른들이 어떻게 살면 좋을지 이야기를 나누어보는 것은 아이들에게 좋은 경험이 될 것입니다. 다른 책들보다 토의하기 좋은 내용의 책입니다.

book_ 29

글·그림_ 유타 바우어

옮김_ 유혜자

출판사_ 비룡소

추천 연령_ 만 3~5세

주제_ 성찰, 삶의 철학

할아버지의 천사

이 책은 어떤 책인가요?

우리나라 천상병 시인의 〈귀천〉을 생각나게 만드는 그림책입니다. 주인공 할아버지의 삶에 대한 고백이 유머러스하게 전개됩니다. 할아버지의 삶은 좋은 일로만 가득 차지도 않았고, 나쁜 일로만 가득 차 있지도 않았습니다. 어느 순간에도 살아온 삶의 과정을 뒤돌아보면 언제나 그 시점까지 하느님께서 함께하셨음을 고백합니다.

우리의 삶에는 어렵고 힘들고 위험한 순간들이 많습니다. 그때마다 우리의 힘으로 모든 것을 다 해결하려면 아마도 곧 녹다운이 되어버릴 것입니다. 그림책의 그림에서 보듯이 풍채 좋은 천사가 어린 할아버지를 순간마다 지켜내고 있습니다. 할아버지는 전쟁도 겪고, 배고픔도 겪고, 힘든 일도 하며 살아야 했지만, 결과적으로 아름다운 삶이 될 수 있었다고 그것을 어린 손자에게 고백합니다.

이 책은 글과 그림이 완벽하게 조화를 이루는 대위법적 어울림의 그림책입니다. 글은 할아버지를 지켜주는 천사에 대한 언급이 전혀 없습니다. 간결한 문장으로 이런 때도 있고, 저런 때도 있었지 하는 투의 말을 던집니다. 그림은 장면 장면마다 천사가 나타나 어린 할아버지를 돕습니다. 전체적인 이야기는 삶을 지켜주시는 하느님께 감사하는 노래같이 들려집니다.

손자와 수영을 하는 시점에도 바닷속 저 멀리에서 천사가 상어를 붙들고 있는 그림은 거의 압권입니다. 오늘 하루도 무사히 산다는 것이 하느님이 지켜주시지 않으면 절대로 안 되는 일이지요. 삶은 기적입니다. 이런 메시지를 던지는 그림책을 우리는 철학적 그림책이라고 합니다.

이 책의 작가는요?

이 책의 작가, 유타 바우어(Jutta Bauer, 1955~)는 현재 독일에서 가장 뛰어난 그림책 작가로 인정받고 있습니다. 독일 함부르크에서 태어나 그곳에서 자랐습니다. 함부르크 디자인 전문학교에서 공부하고, 졸업 후 그림책 작가와 여성 잡지의 카툰 작가로 일해왔습니다.

우리나라에서는 작가의 이름을 기억하는 사람이 그리 많지 않습니다. 그동안 다소 생소하고 어렵게 느껴지는 독일어권의 그림책이 많이 소개되지 않은 탓이라고 하는 사람도 있습니다. 작가의 이름은 잘 기억하지 못해도 《고함쟁이 엄마》를 기억하는 사람은 많습니다. 아이와 어른들에게 모두 감동을 주는 책이기 때문입니다.

2001년 《고함쟁이 엄마》로 독일 아동 청소년 문학상을 수상했으며, 2002년에는 《할아버지의 천사》가 '독일의 가장 아름다운 책'에

뽑혔습니다. 2010년 한스 크리스티안 안데르센 상을 수상했습니다. 그 외에 작가가 쓰고 그린 책에는 《셀마》, 《율리와 괴물》, 《색깔의 여왕》, 《호저 찰리와 멍멍이 벨로》 등 지금까지 40여 권의 책들이 있습니다. 우리나라에 번역된 책들은 많지 않습니다.

이 책의 줄거리는요?

황혼에 접어든 할아버지가 병상에 누워 있습니다. 병상으로 찾아온 손자에게 할아버지는 자신의 지난 삶을 이야기해줍니다. 어린 시절, 아무도 할아버지를 건드리지 못했다고 합니다. 학교 가는 길에 커다란 천사 동상이 있었습니다. 할아버지는 학교 가기가 너무 바빠서 한 번도 천사 동상을 쳐다보지 않았습니다. 그런데 그 천사가 매 순간 할아버지를 지켜주고 있습니다. 버스에 치일 뻔한 적도 있었고, 큰 나무에 올라가 떨어질 뻔한 적도 있었습니다. 깊은 호수에 뛰어든 적도 있습니다. 덩치 큰 개를 만나기도 하고 아이들이 괴롭히기도 했습니다. 그때마다 천사가 구해주었습니다. 할아버지는 세상이 살기 쉬운 것만은 아니었다고 말합니다. 점점 어른이 되어갔고, 어른이 되면서 전쟁도 터지고 굶주리기도 했습니다. 인생은 힘든 일만 있는 것은 아니었다고 합니다. 사랑하는 사람을 만나고, 한 가정의 가장도 되어보고, 집도 만들고, 손자도 생기고. 가끔 믿기 어려운 일도 생겼지만 천사는 언제나 할아버지를 지켜줍니다. 바다에서 할아버지가 손자와 함께 놀고 있는 그 순간에도 천사는 멀찌감치 서서 상어를 붙잡고 있습니다. 이 이야기를 듣고 손자는 기분이 좋아졌습니다. 집으로 돌아가는 손자의 뒤를 그 천사가 또 따라가고 있습니다.

이 책을 읽고 이렇게 이야기를 나누어보세요.

1. 이야기 알기
   1) 할아버지는 학교 가는 길에 서 있는 천사를 왜 한 번도 쳐다보지 않았을까요?
   2) 천사는 할아버지를 어떻게 도와주었나요? 생각나는 대로 다 말해보세요.
2. 그림 자세히 살피기
   1) 본문 3쪽, 할아버지는 얼마나 편찮으실까요?
3. 등장인물 되어보기
   1) 할아버지가 손자에게 이야기를 다 들려주고 난 다음 스르르 눈을 감았습니다. 침대에 누워 계시는 할아버지의 마음은 어떨까요?
   2) 할아버지의 이야기를 다 듣고 밖으로 나온 손자는 왜 멋진 하루라고 생각했을까요?

이야기를 나눌 때 이런 점을 유의하세요.

이 책은 할아버지가 어린 시절부터 노인이 되기까지 겪는 생로병사, 희로애락의 무거운 주제를 매우 가벼운 이야기로 들려주고 있습니다. 가벼운 이야기이지만 삶을 성찰하는 메시지를 던지는 책이지요. 산다는 것이 무엇이며, 어떻게 살 것인가에 대해 숙고하게 만듭니다. 이것이 바로 철학이지요. 철학의 가장 처음은 아마도 자신을 들여다보는 자아 성찰에서 비롯되지 않을까요? 이런 그림책들은 표층적으로 드러난 의미를 그대로 받아들이면 작가의 의도를 제대로 이해하기 어렵습니다. 심층적 의미를 독자가 해석해야 하는 책입니다. 앞의 질문들에 대한 아이들의 대답에는 정답이 없습니다. 질문에 대한 아이들의 대답을 중심으로 이야기의 의미를 가능한 한 확장하고 해석하도록 도와주는 것이 좋습니다.

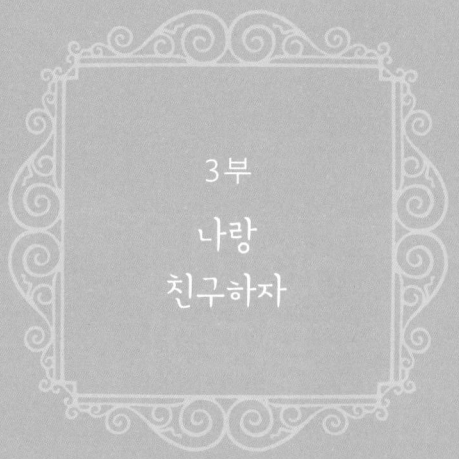

3부

**나랑
친구하자**

book_ 30

글·그림_ 박정섭

출판사_ 사계절

추천 연령_ 만 3~5세

주제_ 거짓 소문, 진실, 믿음

감기 걸린 물고기

이 책은 어떤 책인가요?

짙푸른 바다를 배경으로 한 물고기 떼들의 이야기입니다. 거짓 소문, 진실, 편 나누기 등 무거운 소재의 이야기이지만 유머 가득한 책입니다. 은유와 상징이 가득하지만, 메시지가 분명합니다. 글은 아귀와 물고기의 대화만으로 이야기를 끌어가지요. 그러나 작가가 세심하게 계획하고 활용한 시각적 장치들이 돋보입니다. 글자의 모양들이 글자의 의미를 반영하는 타이포그래피는 아이들에게 재미를 더해줄 것입니다. 디지털 그림이지만, 물고기 하나하나의 표정이 살아 있습니다.

등장인물은 아귀와 물고기 떼입니다. 아귀는 물고기를 잡아먹기 위해 거짓 소문을 퍼트리고, 물고기들은 거짓 소문에 속아 편을 가르고 서로 내칩니다. 빨간 물고기는 '열 감기', 노란 물고기는 '콧물 감기', 파란 감기는 '오한 감기' 등 그럴듯한 설명을 붙여가며 거짓 소문을 퍼트립니다. 거짓 소문은 의심을 불러일으키고, 급기야는 믿음이 되어 분쟁이 일어나지요. 그리고 감기 걸린 물고기들은 아귀의 밥이 되었다가 아귀의 재채기로 다시 원래의 모습을 찾습니다. 그러나 다는 아닙니다. 아귀의 뱃속에서 이미 죽어버린 물고기도 있습니다.

물고기가 하는 말들이 우리가 하는 말들과 비슷하고, 배불뚝이가 된 아귀의 모습이나 재채기를 하며 먹은 것을 다 토해내는 아귀의 모습이 어딘가 우리가 자주 보아온 듯한 모습이어서 더욱 애착이 가는 그림책입니다.

이 책의 작가는요?

이 책의 작가, 박정섭(1964~)은 서울에서 태어났습니다. 한국외국어대학교 노어과를 졸업했습니다. 가장 하고 싶은 일을 찾기 위해 오랜 시간 방황하다가 그림책을 찾게 되었다고 합니다. 자신만의 이야기를 풀어가려고 애를 쓰는 작가입니다. 한동안 어린이 책 전문기획실에서 일하다가 지금은 서울 문래동에 '그림책 식당'을 열고 카페 겸, 전시장 겸, 작업실 겸, 문화 공간으로 운영하고 있습니다. 이곳에서 그림책 작업 말고도 보드게임, 전시 기획, 피규어 제작 등 그림책과 관련한 다양한 일을 하고 있습니다. 그림책《검은 강아지》,《그림책 쿠킹박스》,《도둑을 잡아라!》,《놀자!》,《짝꿍》등이 있고, 동시를 쓰고 그린《똥시집》이 있습니다.

이 책의 줄거리는요?

등장인물은 배가 고픈 초롱 아귀와 알록달록한 물고기 떼입니다. 배가 고픈 아귀는 물고기를 잡아먹고 싶습니다. 그러나 똘똘

뭉쳐 사는 이 녀석들을 잡아먹기 어렵습니다. 궁리 끝에 아귀는 물풀 사이에 숨어 조그만 목소리로 소문을 냅니다. "얘들아~ 빨간 물고기가 감기에 걸렸대~." "감기 걸리면 열이 펄펄 나잖아. 그래서 빨간 거야!"라고 설명을 덧붙입니다. 물고기들은 각각 무슨 소리냐고 말하지만 소문은 점점 퍼져 나갑니다. 마침내 "당장 내쫓지 않고 뭐 하는 거야!"라는 말까지 나옵니다. 아귀는 쫓겨난 빨간 물고기들을 얼른 잡아먹습니다. 또 소문을 냅니다. "얘들아~ 노란 물고기도 감기에 걸렸대. 그새 옮았다는구나"라고요. 노란 물고기도 내쳐지고, 아귀에게 잡아먹히고 맙니다. 그다음에는 파란 물고기입니다. 으슬으슬 추워서 파랗게 질린 거라며 소문을 내지요. 파란 물고기도 떨어져 나갑니다. 남은 회색 물고기들과 검은 물고기들도 아귀에게 잡아먹히고 맙니다. 늦게서야 아귀 뱃속에서 검은 물고기가 "소문은 누가 내는 거지? 진짜 감기에 걸린 걸까?" 하고 의심을 합니다. 마침내 해파리의 간지럼으로 '에~취' 재채기를 하고, 잡아먹혔던 물고기들이 쏟아져 나옵니다. 모두 다는 아닙니다. 이미 죽어버린 물고기도 있습니다.

이 책을 읽고 이렇게 이야기를 나누어보세요.

1. 이야기 알기

   1) 색깔이 다른 물고기들은 왜 모두 아귀에게 잡아먹히게 되었나요?
   2) 물고기들은 언제 자신들이 아귀에게 속았다는 것을 알게 되었나요?

2. 그림 자세히 살피기

   1) 본문 9쪽, 크고 흰 물고기 안에 알록달록 색깔 있는 물고기들이 들어 있는 것은 무슨 뜻일까요?
   2) 본문 49쪽, 아귀의 입에서 쏟아져 나온 물고기들은 어떻게 했을까요?

3. 등장인물 되어보기

   1) 빨간 물고기가 감기에 걸리지도 않았는데 감기에 걸렸다고 친구들로부터 내침을 받아 아귀에게 잡아먹히게 되었을 때 무슨 생각이 들었나요?
   2) 물고기들이 아귀가 재채기를 하는 바람에 아귀의 몸 밖으로 쏟아져 나왔을 때 물고기들은 어떤 생각을 했을까요?

이야기를 나눌 때 이런 점을 유의하세요.

문학은 우리의 삶을 언어로 표현하는 예술입니다. 이야기 속에는 사람들의 삶이 집약되어 있지요. 그것이 역사적 이야기든 창작 이야기든 있을 수 있는 삶의 모습들을 그려놓은 것이 틀림없습니다. 문학의 궁극적 목적은 이런 삶의 모습들을 들여다보면서 그 삶을 자신의 삶에 적용시켜보고, 좋은 쪽으로 자신의 삶을 이끌어 나가게 도와주는 것입니다.

이 책은 특히 우리들의 삶을 들여다보게 만드는 책입니다. 삶의 반성적 고찰을 하기 좋은 책이란 뜻입니다. 우리도 자주 거짓 소문을 확인하지 않고, 다른 사람을 의심하고, 미워하고, 화를 내고, 파당을 짓는 경우가 있지요.

물고기들이 아귀에게 모두 잡아먹힌 이유를 분명히 알고, 앞으로 우리는 이런 소문을 들었을 때 어떻게 해야 할지 생각해보는 것이, 즉 주제를 깊이 생각해보고 그것을 우리들의 삶에 적용하는 것이, 이 책의 핵심입니다. 앞의 질문을 중심으로 이야기를 나누면 이런 차원에서 크게 벗어나지 않을 것입니다.

book_ 31

글·그림_ 존 버닝햄

옮김_ 이주령

출판사_ 시공주니어

추천 연령_ 만 3~5세

주제_ 더불어 살아감, 자연의 즐김

검피 아저씨의 뱃놀이

이 책은 어떤 책인가요?

 마음이 따뜻해지는 책입니다. 날씨가 좋은 어느 날, 강가에 사는 검피 아저씨는 동물들과 함께 작은 배를 타고 뱃놀이를 가지요. 뱃놀이를 하다가 동물들이 검피 아저씨의 경고를 주의하지 않고 마구 행동하다 모두 물에 빠지고 맙니다. 물에서 나와 검피 아저씨의 집에 가서 옷을 말리고 차를 마시며 즐거운 시간을 가진다는 이야기입니다.

 거듭 말하지만 참 따뜻한 이야기입니다. 인간애가 물씬 풍겨지네요. 이야기는 간단합니다. 같은 유형의 글이 반복적으로 나타나서 전체적으로 글을 리드미컬하게 읽을 수 있습니다. 검피 아저씨와 뱃놀이를 함께했던 동물들은 아이들이 모두 좋아하는 동물들입니다. 이 동물들이 개구쟁이 아이들의 성질과 모습을 잘 보여주고 있습니다. 하지 말라는 짓은 다하고, 그럼에도 매우 유쾌하고 즐거운 아이들의 모습이지요. 아이들은 물에 빠진 동물들을 자신과 동일시하며 좋아합니다. 아주 어린 유아들이 읽어도 좋고, 좀 더 큰 아이들이 읽어도 좋은 책입니다.

이 책의 작가는요?

존 버닝햄(1936~2019)은 아무래도 앞으로 자주 소개가 되겠지요? 그것은 아이들이 이분을 정말 좋아하기 때문입니다. 왜 좋아할까요? 그는 영국의 3대 그림책 작가 중 한 분이며, 우리나라 아이들에게도 매우 인기가 있는 작가입니다. 어린 시절 학교생활에 잘 적응하지 못하고 그림만 그렸다는 이야기는 우리가 잘 아는 사실입니다. 가장 중요한 사실은 이 작가의 대부분 책들이 어린이의 눈으로 어린이와 소통할 것을 주장한다는 겁니다. 어른과 어린이들이 소통해야 하는데 어른들은 어른들 입장에서 자꾸 아이들을 훈계하는 경향이 있지요. 그런데 이 작가는 아이들의 본성과 성향을 잘 알고, 아이들의 상상을 소중히 여기기 때문에 아이들이 거부감 없이 이분의 책에 빠져듭니다. 대부분 작품들이 현실과 환상을 오가는 이야기가 많은데 그 이유도 이 작가가 아이들의 상상을 매우 소중히 여기기 때문입니다.

여기 소개하는 이 책은 환상적 이야기가 아니라 사실적 이야기이지만 그래도 아이들의 본성과 성향이 잘 드러난 멋있는 책입니다. 작가의 다른 책들 《깃털 없는 기러기 보르카》, 《지각대장 존》, 《우리 할아버지》, 《마법 침대》, 《야, 우리 기차에서 내려!》, 《동물원 가는 길》, 《셜리야, 이제 목욕은 그만!》, 《알도》 등도 아이들의 본성과 성향을 인정하고 존중하는 책들입니다.

이 책의 줄거리는요?

어느 날 검피 아저씨가 뱃놀이를 가려고 배를 끌고 강으로 나왔습니다. 이때 동네 꼬마 둘이 나타나 같이 가도 되겠느냐고 묻습니다. 싸우지만 않는다면 타도 좋다고 합니다. 그때 또 토끼가 나타나 같이 가도 되겠느냐고 묻습니다. 깡충깡충 뛰지만 않는다면 타도 좋다고 합니다. 계속해서 고양이, 개, 돼지, 양, 닭, 송아지, 염소 등이 나타나 같이 타고 싶어 합니다. 검피 아저씨는 그때마다 얌전히 있겠다는 약속하에 허락합니다. 모두 처음에는 얼마간 얌전히 배를 타고 있었습니다. 그런데 얼마 안 가 염소는 뒷발질을 하고, 송아지는 쿵쿵거리고, 닭들은 파닥거리고, 양은 매애거리고, 개는 고양이를 못살게 굴고…. 배가 기우뚱해져 모두가 풍덩 물속으로 빠졌습니다. 강을 헤엄쳐 나와 강둑에 올라앉아 몸을 말립니다. 검피 아저씨가 "다들 집으로 돌아가자. 차 마실 시간이다"라고 말합니다. 모두 검피 아저씨 집으로 와서 큰 식탁에 둘러앉아 즐겁게 차를 마십니다.

이 책을 읽고 이렇게 이야기를 나누어보세요.

1. 이야기 알기
   1) 검피 아저씨가 동물들을 배에 태우면서 무엇을 부탁했나요?
   2) 동물들은 왜 물속에 풍덩 빠져버렸을까요?
2. 그림 자세히 살피기
   1) 검피 아저씨와 동물들이 뱃놀이를 가는 지금은 봄, 여름, 가

을, 겨울 중 어떤 계절일까요? 그림을 보면서 알아 맞춰보세요.

2) 본문 26~27쪽, 물 색깔이 왜 노랄까요?

3. 등장인물 되어보기

1) 검피 아저씨, 동네 꼬마, 동물들이 물에 빠지면서 각자 어떻게 했을까요?

2) 검피 아저씨 집에서 차를 마시면서 각자 무슨 이야기를 하고 있을까요?

이야기를 나눌 때 이런 점을 유의하세요.

우리는 어떤 삶을 살아야 할까요? 사람들과 차를 마시며 담소를 나누고, 약간의 취미 생활을 하며 살아갈 수 있다면 참 좋겠지요. 이 책은 바로 그런 삶의 모습을 보여주는 것 같습니다. 우리는 모두 각자 고유한 특성들을 지니고 있으며, 삐걱거리며 서로 맞지 않는 부분들이 있습니다. 그러나 서로 조율하며 더불어 살아가야 하는 존재들이지요. 그것은 어른이나 어린이 모두 마찬가지입니다. 검피 아저씨가 각 동물들을 배에 태우면서 특별히 부탁한 것들은 각 동물들이 지닌 약점들이고, 고치기 힘든 본성들인 것 같습니다. 검피 아저씨와 각 동물들이 한 약속들을 짚어보고, 그 약속들을 지키지 못했음을 이해하는 것이 이 책의 핵심입니다. 앞에 제시한 질문들을 중심으로 대화하다 보면 아마 그것들이 잘 이해될 것입니다.

book_ 32

글·그림_ 권윤덕

출판사_ 창비

추천 연령_ 만 3~5세

주제_ 성장, 친구

고양이는 나만 따라 해

이 책은 어떤 책인가요?

 글과 그림이 잘 어우러진 좋은 책입니다. 책에 나오는 두 인물, 아이와 고양이는 단짝인 것 같습니다. 글은 반복해서 고양이가 자기를 따라 한다고 말합니다. 그러기에 운율과 리듬을 느낄 수 있습니다. 그림은 그 정황을 자세히 표현합니다. 그림이 더 비중 있게 이야기를 전합니다. 민화 기법으로 처리된 화려한 그림은 매우 사실적이고, 색상이 밝아서 독자의 마음을 환하게 합니다. 일상적 공간을 환상적 공간으로 바꾸어줍니다.

 책의 내용은 아이들이 얼마든지 겪을 수 있는 일상적 삶을 배경으로 하고 있습니다. 아이는 좀 외롭습니다. 고양이 외에는 친구가 없군요. 엄마가 어디 갔는지 모르지만 아이는 엄마를 기다립니다. 아이의 세계에서 엄마가 곁에 없다면 아이의 마음은 어떨까요? 아이들이 겪는 삶은 언제나 밝고 행복하고 웃음이 넘쳐나는 세상만은 아닙니다. 때로는 외롭고, 심심하고, 두렵고, 결핍된 세상이기도 하지요. 좋은 작품은 좋은 삶만 보여주는 것이 아니라 아이들이 경험할 수 있는 다양한 삶을 보여줍니다. 그러기에 이 책은 진정성이 느껴지고 울림이 있는 것 같습니다. 아이는 외롭고, 심심하고, 두렵고, 결핍된 세상에 놓여 있지만 고양이와 놀이를 통해 자신을 변화시키고 있습니다. 즉 고립에서 어울림으로, 어울림에서 사회적 관계로 발전해 나갑니다. 새로운 성장을 경험합니다.

이 책의 작가는요?

이 책의 작가, 권윤덕(1960~)은 경기도 오산에서 태어났습니다. 서울여대를 졸업하고 홍익대 산업미술대학원을 졸업했습니다. 아들 만희에게 보여줄 그림책을 찾다가 직접 글을 쓰고 그림을 그려 그림책을 만들기 시작했다고 합니다.

작가는 불화, 산수화, 공필화를 배웠습니다. 그의 그림책은 옛 그림의 미감을 잘 재현해내는 특징을 가지고 있습니다. 여기에 소개된 책도 민화 기법을 살려 만든 책입니다. 작가의 작품들은 전통과 자연, 존재와 존재 간의 관계를 통해 성장해가는 삶 등의 주제의식을 많이 담고 있습니다.

다른 작품들로는 《만희네 집》, 《엄마, 난 이 옷이 좋아요》, 《씹지 않고 꿀꺽벌레는 정말 안 씹어》, 《생각만해도 깜짝벌레는 정말 잘 놀라》, 《시리동동 거미동동》 등이 있습니다.

이 책의 줄거리는요?

가방 속에 들어가 있는 아이와 고양이는 참 예쁘기도 합니다. 누구의 간섭이나 방해도 받지 않고 편안한 시간을 즐기고 있습니다.

이 둘은 단짝입니다. 아이는 고양이가 자꾸 자기를 따라 한다고 말합니다. 신문지 밑에 숨어도, 문 뒤에 숨어도, 책상 밑에 숨어도, 옷장 속에 숨어도, 고양이는 자기만 따라 한다고 말합니다. 그런데 아이의 눈이 고양이의 눈을 닮아 있습니다.

아이는 좀 외롭습니다. 고양이 외에는 친구가 없다고 하네요. 아이가 용기를 냅니다. 고양이가 있어서 용기가 나는 것인지도 모르겠습니다. 아이는 이제 더 이상 고양이가 자기를 따라 하게 내버려 두지 않고, 자기가 고양이를 따라 하기로 작정합니다. 고양이처럼 높은 책장에도 올라갑니다. 세상이 다르게 보입니다. 세상을 다르게 보니 세상 속으로 나갈 수 있는 용기가 생깁니다. 혼자 움츠려 있지 않고 밖으로 나갑니다. 고양이와 함께 친구들이 있는 세상 속으로 나아갑니다. 몸에 힘을 불어넣고, 한껏 부풀려서, 힘차게! 힘차게!

이 책을 읽고 이렇게 이야기를 나누어보세요.

1. 이야기 알기

   1) 고양이는 아이의 행동을 어떻게 따라 했나요?

   2) 아이는 왜, 무엇을 보고 고양이를 따라 하기로 마음먹었을까요?

2. 그림 자세히 살피기

   1) 본문 6쪽, 옷장 속에 숨어 있는 아이와 고양이의 모습이 어떤지 말해보세요.

   2) 본문 25~26쪽, 밖으로 나온 아이와 고양이 모습은 어떤지

말해보세요.

3. 등장인물 되어보기

　1) 고양이가 아이의 행동을 자꾸 따라 했을 때 아이의 마음은 어땠나요?

　2) 아이가 고양이를 따라 하면서 아이의 마음에 어떤 일들이 일어났나요?

이야기를 나눌 때 이런 점을 유의하세요.

　이야기가 이야기다워지기 위해서는 대체로 처음, 중간, 끝이라는 차례가 있지요. 이 책 역시 마찬가지입니다. 고양이가 아이를 따라 하는 처음과 따라 하기 놀이 후 아이의 외로움과 두려움, 고립감이 표출되는 중간, 아이가 고양이를 따라 한 결과 밖으로 나가 다른 사람들과 관계를 맺게 되는 끝으로 구분할 수 있지요.

　이야기는 아이가 자신의 본능적인 욕구와 힘을 스스로 발견하고 자신을 변화시키고 성장하는 과정으로 전개됩니다. 다시 말하면, 아이의 내적 변화가 이야기의 중심 내용이 된다는 뜻입니다. 변화의 기점은 고양이의 두 눈이 크게 그려진 중간 장면에서 시작됩니다. 그 이전에는 고양이가 아이를 따라 하고, 그 이후에는 아이가 고양이를 따라 하는 것으로 제시되어 있습니다. 이 변화의 기점을 포착해서 이야기를 나누면 이야기의 핵심을 놓치지 않을 것입니다. 아이는 언제, 왜 고양이를 따라 하기로 마음먹었는지, 아이가 고양이를 따라 한 다음에는 무슨 행동을 하게 되었는지 이야기 나누면 됩니다.

book_ 33

글_ 나카가와 리에코

그림_ 야마와키 유리코

옮김_ 이영준

출판사_ 한림출판사

추천 연령_ 만 3~5세

주제_ 우정, 나눔

구리와 구라의 빵 만들기

이 책은 어떤 책인가요?

전 세계 아이들이 참 좋아하는 그림책입니다. 나카가와 리에코가 글을 쓰고, 야마와키 유리코가 그림을 그렸습니다. 1963년에 출판되었고, 이후 일본에서 매우 인기가 있었습니다. 특히 구리와 구라의 캐릭터가 미국의 미키마우스 이상으로 인기가 있어 이 책을 출간한 이후 구리와 구라를 중심으로 여러 권의 책들이 더 나왔습니다.

구리와 구라는 들쥐 친구입니다. 이들은 매우 활력이 넘치고, 재치가 있는 친구들이지요. 그런데 이들 중 파란 옷을 입은 들쥐가 구리이고, 빨간 옷을 입은 들쥐가 구라인 것 같습니다. 누가 남자이고, 누가 여자인지는 잘 모르겠습니다. 아무려면 어떻습니까? 서로 함께 놀고, 함께 음식을 만들고, 함께 먹는 사이면 되는 것이지요? 진정한 친구는 언제나 함께하는 사이지요.

이 책은 숲속 그늘진 모습을 그 어디에도 그리지 않았습니다. 모든 것이 밝고 환합니다. 그림만 읽어도 무슨 이야기인지 알 수 있는 그림책, 어린이의 생각과 기분이 잘 표현되어 있는 책, 운율을 느낄 수 있는 그림책, 저절로 책 제목이 머릿속에 떠오르는 그림책, 구성이 간단하면서도 심오한 메시지를 주는 그림책, 떼지어 함께하는 즐거움을 마음껏 누릴 수 있는 그림책입니다.

이 책의 작가는요?

이 책의 글 작가, 나카가와 리에코(中川 李枝子, 1935~)는 일본 북해도 삿포로에서 태어났습니다. 어린이집 교사로 일하면서 꾸준히 동화 작가로 활동했습니다. 지금은 창작 활동만 하고 있습니다. 1962년 동화 《싫어싫어 유치원》으로 일본의 여러 아동 문학상들을 받았으며, 1980년에는 《강아지 록이 돌아왔다》로 매일 출판 문화상을 수상하였습니다.

1963년에 《구리와 구라의 빵 만들기》를 출간한 이후, 이 책이 인기가 너무 좋아 '구리와 구라'의 이야기가 시리즈로 여러 권 나왔습니다. 이외에 지금까지 다수의 책을 출간했습니다. 동화 외에도 어린이 영화에 20편이 넘는 노래 가사를 작사하기도 했습니다.

이 책의 그림 작가, 유리코 야마와키(山脇百合子, 1941~)는 일본 도쿄에서 태어나 도쿄 조치대학 프랑스어과를 졸업했습니다. 어린 시절부터 그림을 잘 그려 《엄마의 친구》라는 잡지에 그림책을 연재하기도 했습니다. 글 작가인 나카가와 리에코와는 친자매입니다. 원래의 성은 '오무라'인데 각자 결혼하여 다른 성을 가지게 되었습니다. 유리코는 언니가 쓴 느슨한 구조의 글에 그림 그리기를 무척 좋아했다고 합니다.

유리코는 아이들이 그린 듯한 선으로 된 그림과 많은 공백을 주어 아이들이 그림들을 무척 좋아했지요. 이 책은 2014년까지 일본에서만 400만 부 이상 팔렸고, 전 세계적으로는 2,500만 부 이상 팔렸다고 합니다.

이 책의 줄거리는요?

구리와 구라는 들쥐 친구입니다. 어느 날 이들은 커다란 바구니를 들고 숲속으로 들어갑니다. 도토리와 밤을 주어 빵을 만들고 크림을 만들 생각입니다. 이들은 요리하기를 정말 좋아하지요. 그런데 그 숲속에서 아주 커다란 알을 발견합니다. 커다란 알로 달님만큼 커다란 계란프라이를 만들 수 있겠다고 생각합니다. 곧 생각을 바꾸어 빵을 만들기로 합니다. 하루 종일 먹어도 남을 만큼 아주 큰 카스텔라를 만들기로 작정합니다. 아주 커다란 이 알을 집으로 가지고 갈 수가 없습니다. 결국 숲속에서 카스텔라를 만들기로 합니다.

구리와 구라는 얼른 집으로 가서 프라이팬, 밀가루, 버터, 우유, 설탕, 큰 그릇과 거품기, 앞치마, 성냥, 배낭을 챙겨왔습니다. 숲속에서 커다랗고 노란 맛있는 카스텔라를 만듭니다. 달콤한 냄새가 진동합니다. 냄새를 맡은 동물들이 코를 벌렁거리며 하나둘 모여들지요. 모든 동물 친구들이 노란 카스텔라를 나누어 먹습니다. 하나도 남기지 않고 다 먹습니다. 커다란 알 껍질만 남았습니다. 구리와 구라는 이 알 껍질로는 커다란 탈것을 만들어 타고 집으로 돌아가지요. 동물 친구들이 함께 모여 즐기는 달콤하고 행복한 숲속

정경입니다.

이 책을 읽고 이렇게 이야기를 나누어보세요.

1. 이야기 알기

   1) 구리와 구라에게 무슨 일이 있었는지 차례대로 말해봅시다.

   2) 구리와 구라가 빵을 만드는 일이 쉬웠을까요?

2. 그림 자세히 살피기

   1) 본문 20~21쪽, 빵을 나누어 먹은 동물 친구들을 모두 말해 봅시다.

3. 등장인물 되어보기

   1) 빵을 만들어 동물 친구들과 나누어 먹었을 때 구리와 구라의 기분은 어땠을까요?

이야기를 나눌 때 이런 점을 유의하세요.

아이들이 그림책을 읽고 그 내용을 이해할 때 주어진 글을 그대로 수용하는 것이 아니라 이미 읽었던 다른 책들의 내용을 끌어와 그 내용을 확장하여 이해합니다. 즉, 그림책은 주제, 소재, 내용, 글의 구조, 담고 있는 가치관, 정서, 등장인물, 그림의 시각적 특성, 글과 그림의 관계 등 여러 가지 측면에서 유사한 텍스트가 많이 존재합니다. 아이들이 한 권의 책을 읽을 때는 이처럼 유사한 책들의 내용을 참고하면서 주어진 책 내용을 훨씬 더 확장해서 해석하고 이해한다는 뜻입니다. 이것을 전문용어로는 상호텍스트성(intertextuality)이라고 합니다. 책을 읽을 때 다른 책의 인물과 이야기 흐름을 비교하면서 읽으면 아이들은 훨씬 더 깊이 있게 책 내용을 이해하게 된다는 뜻이지요.

특히 한 작가가 쓴 여러 가지 다른 책들은 유사성이 너무 많습니다. 이런 것들을 서로 연결 지어가며 읽으면 아이들은 훨씬 더 적극적이고 확산적인 사고를 하게 되고, 올바른 방향으로 그 내용과 의미를 해석할 수 있게 된다고 합니다. 이 책은 '구리와 구라의 시리즈' 중 첫 번째 책입니다. 이번 기회에 구리와 구라의 이야기를 다 찾아 서로 비교하면서 읽어보면 어떨까요?

book_ 34

지음_ 류재수

작곡_ 신동일 피아니스트_ 한봄예

출판사_ 보림

추천 연령_ 만 3~5세

주제_ 등굣길의 즐거움

노란 우산

이 책은 어떤 책인가요?

이 책은 좀 특별한 책입니다. 글 없는 그림책입니다. 그런데 책과 함께 음악이 있는 CD가 포함된 책입니다. 책의 이야기를 녹음한 책은 더러 있지만 그림에 맞는 음악이 제공되는 책은 별로 없는 것 같습니다. 처음에는 노란 우산 하나가 나타납니다. 독자는 높은 곳에서 노란 우산을 내려다봅니다. 마치 도-미-솔하고 노래를 부르듯이 색색의 우산들이 나타납니다. 이 우산 밑에 누가 있고, 무슨 이야기들을 재잘거리고 있는 것일까요? 비 오는 날, 흐린 색조에 이렇게 선명한 우산들이 하나둘 나타나 옹기종기 모입니다. 한 장면, 한 장면에 따라 계속 음악이 흐릅니다.

이 책을 보는 순간 어른이건 아이이건 모두 비 오는 날, 이 색조의 그림과 음악을 즐길 수밖에 없습니다. 독자는 우산 밑에서 아이들이 무슨 이야기를 할지 이야기를 보태어가며 그림을 즐기고, 음악을 즐기면 됩니다. 얼마나 신나는 일인지요. 글 없는 그림책의 재미가 바로 이런 것이 아닐까요?

이 책의 작가는요?

이 책의 작가, 류재수(1954~)는 충청남도 홍성에서 태어났습니다. 대학에서 회화를 전공했다고 합니다. '해송'이라는 탁아운동단체에 참여하기도 하고, 북한 어린이를 돕는 '어린이어깨동무' 활동에도 참여하고 있습니다. 미술 교사로도 일했습니다. 작가는 그림책의 기능을 문학적인 주제를 승화된 조형 언어로 표현하는 것이라고 말하며, 그림책의 시각적 이미지를 표현하는 일에 심혈을 기울입니다.

《노란 우산》은 2002년 〈뉴욕타임스〉 올해의 우수 그림책으로 선정되었습니다. 작가의 다른 작품들로는 《백두산 이야기》, 《자장자장 엄마 품에》, 《돌이와 장수매》 등이 있습니다.

이 책의 줄거리는요?

텅 빈 공간에 노란 우산을 쓴 아이 하나가 지나갑니다. 주변에는 아무것도 없습니다. 분위기는 어쩐지 좀 쓸쓸합니다. 조금 지나니 어떤 집에서 파란 우산을 쓴 아이 하나가 나옵니다. 둘은 조용히 걸어갑니다. 조금 더 지나니 다른 골목에서 빨간 우산을 쓴 아이가 나옵니다. 이제 집들과 아파트들이 보이기 시작합니다.

놀이터를 지나고, 육교를 지나고, 로터리를 지나면서 시간이 흐릅니다. 시간이 흐르면서 아이들은 하나둘 더 많아집니다. 아이들이 많아지면서 주변은 더욱 알록달록 밝은색으로 변합니다. 아마도 아이들의 마음이 많이 즐거운 것 같습니다. 학교가 가까워옵니다. 지금까지 내내 우산만 보이다가 드디어 아이들의 모습이 보이기 시작합니다. 우산 밑에서 아이들이 떠드는 소리가 들리는 듯합니다. 무슨 이야기를 할까요? 아이들은 할 이야기가 무궁무진하겠지요. 아, 오늘은 학교에서 무슨 일이 일어날까요?

이 책을 읽고 이렇게 이야기를 나누어보세요.

1. 이야기 알기
    1) 아이들은 우산을 쓰고 어디로 가는 것일까요?
    2) 아이들은 길에서 친구들을 만나면 어떻게 할까요?
2. 그림 자세히 살피기
    1) 우산이 하나둘 나타나면서 음악이 어떻게 변해가나요?
    2) 본문 2쪽, 14쪽, 학교에 가까이 가면서 주변 색깔이 어떻게 변했나요?
3. 등장인물 되어보기
    1) 비 오는 날 혼자서 학교 갈 때 기분을 말해봅시다.
    2) 학교 가는 길에 친구들을 많이 만나 함께 우산을 쓰고 가는 기분은 어떨까요?

이야기를 나눌 때 이런 점을 유의하세요.

이 책에는 글자가 하나도 없습니다. 그림만으로 시간의 흐름과 공간의 변화를 나타내면서 이야기를 전개합니다. 이 책을 제대로 즐기기 위해서는 작가가 이 책에서 무슨 말을 하고 싶은지 상상해보는 것부터 시작하면 됩니다. 작가는 단순히 노란 우산을 쓴 아이가 등굣길에 빨, 주, 노, 초, 파, 남, 보 등 여러 가지 색깔의 우산을 쓴 친구들을 만나 함께 학교로 간다는 정도의 이야기를 하고 싶었던 것은 아닐 겁니다. 단순히 이 이야기라면 이야기가 너무 싱겁고 밋밋하지 않을까요?

작가는 아마도 비 오는 날, 아이가 우산을 쓰고 혼자 학교 가면서 느끼는 약간은 쓸쓸한 기분, 등굣길에서 하나둘 친구들을 만나 조금씩 더 즐거워지는 마음, 친구들과 함께 우산에 떨어지는 빗방울 소리를 들으며 웃고 떠드는 유쾌함, 친구들이 더욱 많아지면서 느끼게 되는 매우 들뜬 분위기, 즐겁고 기대되는 마음으로 학교에 들어서는 아이들의 경쾌한 마음, 뭐 이런 것들을 이야기하고 싶은 것 아닐까요?

이 책을 읽는 가장 좋은 방법은 아이들이 이런 것들을 상상하면서 책장을 넘기고 음악을 즐기면 됩니다. 복잡하게 인과관계를 따지고, 줄거리를 찾고, 지금 어디를 지나고 있는지 물을 필요가 없습니다. "우산 밑에서 아이들이 무슨 이야기를 할까?", "얼마나 즐거울까?" 정도의 질문을 하고 아이들은 자유롭게 반응하면 됩니다.

book_ 35

글·그림_ 에즈라 잭 키츠

옮김_ 김소희

출판사_ 비룡소

추천 연령_ 만 3~5세

주제_ 자연의 경이로움

눈 오는 날

이 책은 어떤 책인가요?

눈 오는 날의 감동을 이처럼 아름답게 표현한 책이 또 있을까요? 아이의 눈으로 바라본 경이로운 세상, 그 세상을 오랫동안 간직하고 싶어 하는 아이의 마음이 고스란히 전해지는 아름다운 책입니다. 주인공 피터가 잠에서 깨어나 눈을 뜨고, 밖으로 나가 눈 속에서 경이로운 모험을 하는 이야기입니다.

작가는 눈이 온 세상을 매우 독특하게 그려냅니다. 콜라주 기법을 사용해 눈 오는 날의 분위기를 기발하게 표현합니다. 그동안 일러스트레이션의 주재료로 사용되었던 물감과 색연필에서 벗어나 잡지, 포장지, 천 등을 재료로 사용하여 이야기에 색채 효과를 더한 것은 그야말로 그림책에 신세계를 연 것이지요. 1963년 칼데콧 상을 받은 그림책입니다.

이 책은 특히 4~5세 아이들에게 인기가 많다고 합니다. 이 책은 어떤 이야기이고, 그 이야기가 어떻게 전개되는지, 함축된 의미가 무엇인지 묻고 따질 필요가 없습니다. 아이들은 그냥 책장을 넘기며 눈을 즐기기만 하면 됩니다. 아이들은 눈을 바라보고 복잡한 생각을 하지 않습니다. 아주 단순하게 기뻐하고 즐길 따름입니다.

흑인 아이가 주인공으로 나오는 최초의 그림책이라고 합니다. 어느 날 작가가 가판대에 놓여 있는 잡지에 흑인 아이의 사진을 보고 가난했던 자신을 떠올리며 그렸다고 합니다. 그것은 그림책이 서민의 일상적 삶을 표현함으로써 독자와 공감대를 형성하기 위한 전략이었다고 합니다.

이 책의 작가는요?

이 책의 작가, 에즈라 잭 키츠는 뉴욕 브루클린에서 가난한 유태인 부모 밑에서 태어났습니다. 제2차 세계대전이 끝나고 반유태적 분위기 때문에 그의 성을 카츠(Katz)에서 키츠(Keats)로 바꾸었다고 합니다. 작가는 가난한 공동주택에 살면서 주변 이웃들로부터 다양한 인종과 문화들을 볼 수 있었고, 그것들이 그의 그림책에 많이 반영되었다고 합니다.

《눈 오는 날》 이후 계속해서 피터를 주인공으로 하는 이야기를 그립니다. 다른 작품들로는 《휘파람을 불어요》, 《피터의 의자》, 《피터의 편지》, 《피터의 안경》 등이 우리나라에 많이 알려져 있습니다. 이 책들은 대부분 아이들이 자신을 중요한 존재로 여기며, 이 세상을 힘차게 살아가라는 응원의 메시지를 담고 있습니다.

이 책의 줄거리는요?

피터가 어느 날 아침 눈을 뜹니다. 창밖을 내다보니 온통 딴 세상입니다. 눈이 소복이 쌓여 있는 아주 멋진 세상입니다. 아침을 먹고 조용히 밖으로 나옵니다. 아주 예쁜 빨간색으로 된 방한복을 입고 말이지요. 눈이 너무 많이 와서 길이 없어져버렸습니다. 피터는 뽀드득뽀드득 길을 걷습니다. 발자국이 생깁니다. 이렇게 저렇게 발자국을 만들어봅니다. 천천히 발을 끌어서 선도 만들어봅니다. 아직 나이가 어려 다른 친구들이랑 눈싸움을 할 수 없습니다. 어쩔 수 없이 혼자 놉니다. 눈옷 입은 나무를 톡톡 건드려보기도 하고, 산에 올라가 미끄럼을 타고 죽 내려와보기도 합니다. 그러다 집으로 돌아올 시간이 되어 피터는 눈을 꽁꽁 뭉쳐 주머니에 넣습니다. 집으로 돌아와 하루를 곰곰이 생각해봅니다. 잠자기 전 피터는 가만히 주머니에 손을 넣어봅니다. 그런데 눈이 다 녹아버리고 없습니다. 매우 아쉬웠습니다. 다음 날 아침 눈을 떠보니 다시 흰 눈이 펄펄 날리고 세상은 온통 눈 천지입니다.

이 책을 읽고 이렇게 이야기를 나누어보세요.

1. 이야기 알기
    1) 피터가 밖에 나가서 무슨 놀이를 하며 놀았나요?
    2) 피터가 눈을 뭉쳐서 왜 주머니에 넣었을까요?
2. 그림 자세히 살피기
    1) 본문 14~15쪽, 피터가 나무 막대기로 나무를 톡톡 치니까 무슨 일이 일어났나요?
    2) 본문 18쪽, 피터는 그다음 날도 혼자 놀았을까요?
3. 등장인물 되어보기

1) 피터가 눈이 덮인 산에서 미끄럼을 타고 내려오면서 무슨 생각을 하고 무슨 말을 했을까요?
2) 그다음 날, 피터는 친구를 불러낼 때 무슨 말을 했을까요?

이야기를 나눌 때 이런 점을 유의하세요.

이 책은 앞에서도 잠깐 말했지만, 이야기의 내용, 원인과 결과, 함축된 의미를 살필 이유가 없습니다. 그냥 눈 오는 날의 분위기를 즐기면 됩니다. 첫눈이 왔을 때 아이들이 느낄 수 있는 감흥을 함께 즐기면 됩니다. 어른들이 이야기에 대해 많은 것들을 질문하기보다는 아이들이 책장을 넘기며 자유롭게 반응하게 하는 것이 더 좋습니다.

book_ 36

글·그림_ 루드비히 베밀먼즈

옮김_ 이선아

출판사_ 시공주니어

추천 연령_ 만 3~5세

주제_ 용기, 동물 사랑

마들린느와 쥬네비브

이 책은 어떤 책인가요?

이 책은 루드비히 베멀먼즈(Ludwig Bemelmans)의 '마들린느' 시리즈 중 한 권입니다. 여러 시리즈 중에서 칼데콧 상을 수상한 작품이며, 실제로 아이들이 많이 좋아하는 책입니다. '마들린느' 시리즈는 모두 다음과 같은 말로 시작합니다.

"프랑스 파리, 덩굴로 뒤덮인 오래된 기숙사에 열두 여자아이가 나란히 살고 있었습니다. 아이들은 맑은 날이나 궂은 날이나, 아홉 시 반이 되면 두 줄 나란히 산책을 다녔습니다. 그 가운데에서 가장 작은 아이가 마들린느입니다."

이 마들린느 책들은 시적인 글과 매우 간결하고 분명한 그림이 특징입니다. 키가 매우 큰 선생님과 똑같이 생긴 열두 명의 아이들, 열두 개의 똑같이 생긴 물건과 커다란 한 개 물건의 그림은 아이들이 즐기기에 충분한 그림이지요.

지금 소개하는 이 책은 주인공 마들린느가 강에 빠지자 사람들이 어찌할 바를 몰라 하는데 개가 강으로 뛰어들어 마들린느를 구해주고, 아이들은 그 개를 기숙사로 데려와 벌어지는 소동을 그린 이야기입니다. 책이 출간된 이후 지금까지 전 세계 어린이들로부터 많은 사랑을 받고 있지요. 그 이유는 작가가 아이들 시각에서 아이들의 마음을 읽고, 아이들이 보는 것을 볼 줄 아는 작가이기 때문입니다. 작가는 이 책을 쓸 때, 상상해서 쓴 것이 아니라 자신의 실제 체험을 바탕으로 썼다고 합니다. 그러므로 아이들의 세계를 이처럼 생생하게 그려낼 수 있었겠지요. 한마디로, 이 책은 아이들의 삶을 언어와 그림으로 표현한 것입니다. 그래서 아이들은 크게 공감하고 감동하는 것이지요. 전체 이야기 구조 속에서 글과 그림이 서로 대화를 하듯 이야기를 이어갑니다. 독자와 작가는 매우 자연스럽게 의미를 소통할 수 있지요.

이 책의 작가는요?

이 책의 작가, 루드비히 베밀먼즈(Ludwig Bemelmans, 1898~1962)는 오스트리아 출신 미국의 그림책 작가입니다. 그는 마들린느 시리즈로 유명합니다. 죽기 전까지 6권의 책을 출간했고, 사후에 유작으로 1권의 책을 더 발간합니다. 그의 아버지는 벨기에 태생의 화가였고, 어머니는 부유한 양조장집 딸이었다고 합니다. 작가는 가정적으로는 불행했습니다. 부모의 이혼으로 외조부 밑에서 살게 되었고, 외조부는 베밀먼즈가 그림 그리는 것을 싫어했다고 합니다. 그는 미국으로 건너가 호텔 종업원으로 일을 하면서 그림 공부에 몰두했습니다. 그러다가 어느 편집자의 눈에 들어 그림책 작가가 되었다고 합니다. 지금 소개하는 바로 이 책, 《마들린느와 쥬네비브》로 1954년에 칼데콧 상을 수상했습니다.

이 책의 줄거리는요?

 어느 프랑스 파리의 오래된 기숙학교에 열두 명의 어린 여학생들이 두 줄로 나란히 줄지어 생활하고 있네요. 규율이 많이 엄격했나 봅니다. 두 줄로 줄지어 밥 먹고, 두 줄로 잠자고, 두 줄로 걸어 다녔으니 말입니다. 현실의 규율은 한 번씩은 깨어지게 되어 있지요. 재미있는 이야기가 벌어집니다. 열두 아이 중 가장 작고 씩씩한 마들린느가 어느 날 다리에서 미끄러져 물에 빠졌습니다. 사람들은 허둥지둥합니다. 막대기로 어떻게 해보려고 합니다. 가엾은 마들린느가 죽게 생겼습니다. 그때였습니다. 개 한 마리가 물로 뛰어들어 마들린느를 구해냅니다.

 아이들과 클레벨 선생님은 그 용감한 개를 기숙사로 데리고 옵니다. 아이들은 그 개에게 '쥬네비브'라는 이름을 지어줍니다. 이름 없이 관계가 형성되기는 어렵지요. 아이들은 쥬네비브를 서로 데리고 자려고 다툼을 벌입니다. 기숙사를 방문한 부모님들은 족보도 없는 그 개를 학교에서 키울 수 없다고 합니다. 아이들은 아마 소리 내지 않는 울음으로 대성통곡했을 것입니다. 아이들은 견디다 못해 '쥬네비브'를 사방팔방 찾아 나섰으나 찾을 수 없었습니다.

 어느 날 밤, 클레벨 선생님은 이상한 소리를 들었고, '쥬네비브'가 돌아온 것을 확인했습니다. '쥬네비브'만 돌아온 것이 아닙니다. 새끼를 배고 돌아온 것입니다. 12마리의 새끼를 낳았습니다. 아이들은 이제 더 이상 '쥬네비브'를 곁에 데리고 자려고 싸움을 벌일

일이 없어졌습니다.

이 책을 읽고 이렇게 이야기를 나누어보세요.

1. 이야기 알기

   1) 이 책은 용감한 일을 한 개에 관한 이야기입니다. 용감한 일들로는 어떤 것이 있을까요?
   2) 강물에 빠진 마들린느가 어떻게 구출되었는지 상상해서 자세히 말해보세요.

2. 그림 자세히 살피기

   1) 본문 5~6쪽, 마들린느가 강에 빠졌을 때 사람들은 어떻게 했나요? 그림을 보면서 자세히 말해보세요.
   2) 본문 11~12쪽, 마들린느가 기숙사로 돌아왔을 때 친구들은 마들린느를 위해 무엇을 했나요?

3. 등장인물 되어보기

   1) 부모님들이 기숙사에 와서 쥬네비브를 쫓아냈을 때 친구들의 마음은 어땠을까요?
   2) 쥬네비브가 기숙사로 돌아왔을 때 친구들의 마음은 어땠을까요?

이야기를 나눌 때 이런 점을 유의하세요.

이 책은 처음에는 그림을 보면서 크게 한 번 소리 내어 읽어보는 것이 좋습니다. 인물을 중심으로, 어디에서, 무엇을, 어떻게 했는지 차례대로 간단하게 말해보게 함으로써 이야기의 전반적인 구조를 알게 하는 것이 좋습니다. 마들린느, 개, 친구들, 부모님들, 클라벨 선생님을 중심으로 차례로 이야기를 해보면 좋겠지요? 이야기를 나눌 때는 그림을 보면서 세부적인 것들을 자세히 말해보게 하면 좋습니다. 예를 들면 마들린느가 어떻게 하다가 강물에 빠졌는지, 강물에 빠져서 어떻게 허우적거렸는지, 사람들은 어떻게 했는지 등에 대해 그림을 보면서 상상해서 말해보게 합니다. 개, 친구들, 부모님들, 클라벨 선생님들에 대해서도 차례로 말해보게 하면 됩니다.

book_ 37

글·그림_ 마르쿠스 피스터

옮김_ 공경희

출판사_ 시공주니어

추천 연령_ 만 3~5세

주제_ 나눔의 기쁨

무지개 물고기

이 책은 어떤 책인가요?

나눔에 관한 이야기를 가장 직접적으로 기술한 책입니다. 아이들이 책을 보는 순간 단번에 홀려버리는 책이지요. 홀로그램 인쇄 효과를 마음껏 드러내는 책, 희한한 색깔로 반짝거리는 책, 매 책장마다 반짝거리는 비늘을 단 물고기들이 유유히 떠다니는 책. 그것만으로도 아이들이 정말 좋아할 수밖에 없지요. 책 내용을 보지 않고도 충분히 좋아할 만한 책인데 내용을 보면 더 좋아하게 되는 책입니다. 자기가 가진 가장 중요한 것을 친구들에게 나눠주고, 친구를 얻는 이야기. 책을 다 읽고 난 다음에도 계속 여운이 남는 책인 것 같습니다.

반짝거리는 비늘을 떼서 다른 물고기들에게 나눠줄 때 아프지는 않았을까? 책을 읽고 이해하는 과정은 일회적으로 이루어지는 것이 아닙니다. 일차적으로는 책의 내용을 파악하고, 이차적으로 책의 내용을 해석하고, 삼차적으로는 책의 의미를 공감하고 메시지를 이해하는 방식으로 일어납니다. 즉, 그림책 읽기는 해석학적 순환과정을 거치게 되지요. 그림책을 읽는 건 책의 내용들을 알고 이해하는 것이기도 하지만, 궁극적으로는 책의 의미를 공감하고 자기를 성찰하는 겁니다. 이 책은 '나눔의 실천'이라는 큰 과제를 고민하게 만드는 책입니다. 사람이 사람답게 살려면 어떻게 해야 할까요? 아이들과 사람답게 사는 것에 대해 이야기를 나눈 적이 있습니까? 이런 이야기들을 자연스럽게 나눌 수 있는 아주 훌륭한 책입니다.

이 책의 작가는요?

이 책의 작가, 마르쿠스 피스터(Marcus Pfister, 1960~)는 스위스 베른에서 태어났습니다. 지금도 아내와 함께 베른에서 살고 있다고 하네요. 그는 그림책을 만들 때 자신의 아이들에게 보여주고 싶다는 마음으로 책을 만든다고 합니다. 간단한 이야기지만 강한 메시지가 있는 책을 만들기 위해서 끊임없이 생각하고 노력하는 작가인 것 같습니다.

그는 보통의 작가들과는 다른 매우 독특한 표현 기법들을 사용해 멋진 그림책을 만들어내지요. 독자의 마음을 한 번에 빼앗아버리는 재능 있는 작가입니다. 베른에 있는 한 예술학교에서 공부하고, 2년 동안 광고 회사에서 그래픽 아티스트로 일합니다. 그러다가 그림책을 만들고 싶다는 생각에 캐나다, 미국, 멕시코 등 여러 나라로 여행을 합니다. 이런 경험들이 바로 독특한 책들의 기초가 되었습니다. 《무지개 물고기》에 사용한 홀로그램 기법은 광고 회사에 다닐 때 접했던 기술이라고 합니다. 1992년에 첫 출간된 이 책은 나중에 '무지개 물고기' 시리즈로 탄생합니다. 이후에 나온 책들도 정말 멋집니다. 그의 책들은 그가 미국으로 유유히 여행을 다니듯 전 세계로 여행하며 어린이들의 사랑을 받고 있습니다. 《무지개 물고기》는 무려 50개 언어로 번역되었다고 합니다.

이 책의 줄거리는요?

아주 아름다운 물고기 한 마리가 바닷속을 유유히 떠다니고 있습니다. 파랑, 초록, 자줏빛 비늘 사이로 반짝이는 은빛 비늘을 가진 물고기입니다. 다른 물고기들이 이 아름다운 물고기를 무지개 물고기라 부릅니다. 같이 놀자고 제안합니다. 무지개 물고기는 들은 체도 하지 않고 휙 지나가버립니다.

어느 날 파란 물고기 한 마리가 무지개 물고기에게 반짝이는 비늘을 하나만 달라고 합니다. 비늘이 정말 멋지다면서 말이죠. 무지개 물고기는 "내가 가장 아끼는 건데, 달라고?" 하면서 소리를 버럭 질렀습니다. 파란 물고기는 마음이 너무 상해서 그 사실을 친구들에게 일러바쳤습니다. 그다음부터는 아무도 무지개 물고기랑 놀려고 하지 않았습니다.

아무도 놀아주지 않는데 반짝이는 비늘이 무슨 소용이겠습니까? 불가사리에게 가서 "나는 정말로 예쁘잖아요. 그런데 왜 아무도 나를 좋아하지 않는 걸까요?" 하고 묻습니다. 불가사리는 할 말이 없다고 말하면서 문어에게 가서 물어보라 합니다. 문어 할머니는 비늘을 다른 물고기들에게 한 개씩 나누어주라고 말합니다. 그러면 지금처럼 아름답지는 않겠지만 훨씬 더 행복한 삶을 살 수 있을 거라고 말이죠.

무지개 물고기는 처음에는 싫다고 말했지만 조금씩 마음이 흔들리기 시작합니다. 파란 물고기에게 먼저 비늘 한 개를 떼서 줍니다. 반짝이는 비늘 한 개를 단 파란 물고기가 살랑이며 헤엄쳐 돌아다닙니다. 다른 물고기들도 무지개 물고기 옆으로 모여듭니다. 한 개씩 반짝이는 비늘을 나눠줍니다. 기분이 좀 이상해졌지만 기쁨이 더해갔습니다.

이 책을 읽고 이렇게 이야기를 나누어보세요.

1. 이야기 알기
   1) 친구들은 처음에 왜 무지개 물고기와 놀지 않았을까요?
   2) 친구들은 왜 무지개 물고기와 다시 놀게 되었을까요?
2. 그림 자세히 살피기
   1) 본문 7~8쪽, 무지개 물고기는 지금 무엇을 보고 있을까요?
   2) 본문 23~24쪽, 친구들은 지금 어디를 보고 있나요?
3. 등장인물 되어보기
   1) 무지개 물고기는 친구들이 놀아주지 않았을 때 마음이 어땠을까요?
   2) 반짝이는 비늘을 한 개씩 뗄 때 얼마나 아팠을까요?

이야기를 나눌 때 이런 점을 유의하세요.

이 책은 더불어 살아가는 지혜를 직접적으로 가르쳐주는 책입니다. 더불어 살아가기 위해서는 내 것을 남과 나누어야 한다는 것.

평범하지만 매우 중요한 진리이지요. 내 것을 남과 나누는 일은 결코 쉽지 않습니다. 더군다나 내가 아주 소중히 여기는 것이라면 더더욱 쉽지 않습니다. 비늘을 뗄 때의 아픔과 비늘을 나누어주고, 친구들과 소중한 관계를 이루었을 때 느끼는 기쁨에 대해 구체적으로 이야기를 나누어보면 좋을 것입니다. 그 아픔이 어떤 것인지, 또 기쁨은 어떤 것인지 앞의 질문들을 중심으로 사례를 들어 구체적으로 말해보게 해도 좋겠습니다.

book_ 38

글_ 기시다 에리코

그림_ 나카타니 치요코

옮김_ 이영준

출판사_ 한림출판사

추천 연령_ 만 3~5세

주제_ 더불어 살아가기

새둥지를 이고 다니는 사자 임금님

이 책은 어떤 책인가요?

교육의 궁극적 목적은 사람이 행복한 삶을 살 수 있도록 돕는 것입니다. 사람이 어떻게 살면 행복할 수 있을까요? 행복하게 사는 데는 여러 가지 요건들이 있는 것 같습니다. 그 요건들 중 매우 중요한 하나는 '사람들과 더불어 즐겁게 사는 것'입니다. 사람이 가진 게 많아 안락한 집에서 좋은 옷을 입고, 좋은 음식을 먹고 살 수 있어도 진정 마음을 주고받으며, 서로의 안녕을 걱정해줄 수 있는 사람이 없다면 그는 결코 행복한 사람이 될 수 없습니다.

다른 사람과 더불어 잘 살아가는 건 저절로 되는 것이 아닙니다. 지혜와 노력이 필요합니다. 그림책은 여러 가지 삶의 지혜를 깨닫게 합니다. 그중에는 더불어 살아가는 방법을 깨치게 하는 책들이 많습니다. 이 책이 바로 그런 책들 중 하나입니다.

일본의 유명한 그림책 기획자인 마쓰이 다다시는 일본 그림책 중에서 외국인들에게 가장 자신 있게 소개할 수 있는 책이 바로 이 책 《새둥지를 이고 다니는 사자 임금님》이라고 말합니다. 정말 그림도 기발하고 내용도 참 좋습니다. 매우 창의적이면서도 다양한 해석과 의미 도출이 가능한 책이지요.

숲속의 임금인 사자 '지오지오'는 힘도 세고, 빛나는 왕관도 쓰고 있지만, 그가 나타나면 모두 슬금슬금 도망갑니다. 그와 편안하게 대화하는 친구가 없습니다. 다 늙어 힘이 빠지고 눈도 보이지 않는 이 숲속의 임금이 어떻게 아기 새들의 즐거운 지저귐을 들으면서 행복하게 살게 되었는지 재미있게 이야기해주는 책입니다. 무슨 이야기일까요? 더불어 사는 것! 내 고귀한 것을 내놓지 않고는 결코 불가능한 일입니다. 왕으로만 군림한다면 결코 더불어 살 수 없겠지요.

이 책의 작가는요?

이 책의 글 작가, 기시다 에리코(岸田 衿子, 1929~)는 일본 도쿄에서 태어났으며, 도쿄 예술대학 유화과를 졸업했습니다. 시, 동시, 수필, 그림책의 글 작가로 아직도 활발히 활동하고 있습니다. 특히 작가의 그림책들은 따뜻한 인간애와 유머가 돋보입니다. 다른 작품들로는 《개미들의 소풍》, 《사과야, 빨리 익어라》, 《모두 달아났네》 등이 있습니다.

이 책의 그림 작가, 나카타니 치요코(中谷 千代子, 1929~1981)도 일본 도쿄에서 태어나 도쿄 예술대학 유화과를 졸업했습니다. 이 책의 글 작가와는 대학 동기 동창생으로 아주 절친한 친구 사이였다고 합니다. 이 책이 1960년 7월에 출간되었는데 작품이 완성되기까지 두 사람은 호흡이 척척 맞았다고 합니다. 이야기에 나오는 사자

이미지를 조형화하기 위해 두 사람은 끊임없이 이야기를 주고받았으며, 동물원에 가서 사자를 스케치하고 수정하는 일을 1년 이상 계속했다고 합니다. 그 결과 선과 형태로만 그림을 그린 것이 아니라 마음을 담아낼 수 있었던 것 같습니다. 매우 노력하는 작가였다고 합니다. 작가의 다른 작품으로는 《딸기 밭의 꼬마 할머니》가 있습니다.

이 책의 줄거리는요?

숲속의 임금인 사자 지오지오는 힘도 세고, 반짝반짝 빛나는 왕관도 쓰고 있습니다. 그러나 그가 나타나면 모두들 슬금슬금 도망을 가버립니다. 누구 하나 그와 편안하게 대화해주는 친구가 없습니다. 지오지오는 매우 심심하고 외롭습니다. 아마도 마음이 많이 불행한 것 같습니다. 그때 하얀 새 한 마리가 나타나 "지오지오 임금님! 별로 재미가 없으신 것 같군요. 사실 저도 재미가 없답니다."라고 말하죠. 알을 까놓으면 다른 동물들이 훔쳐가고, 삼켜버리고, 강물에 빠트려버린다고 말이에요.

이 말을 들은 지오지오가 제안을 합니다. 자기의 왕관에다 알을 까면 어떻겠느냐고 말입니다. 감히 임금님의 그 고귀한 왕관 위에 말입니다. 봄이 되자 올망졸망 일곱 마리의 아기 새들이 알을 까고 태어납니다. 아기 새들은 지오지오 임금님의 갈기와 꼬리에 앉아 짹짹거리며 즐겁게 놉니다. 다 늙어 힘이 빠지고 눈도 보이지 않는 사자는 아기 새들의 즐거운 지저귐을 들으면서 행복해합니다.

이 책을 읽고 이렇게 이야기를 나누어보세요.

1. 이야기 알기
   1) 동물 친구들이 사자 임금님 지오지오를 만나면 왜 다 도망을 가버렸을까요? 그런데 사자 임금님의 진짜 마음은 어땠나요?
   2) 사자 임금님의 왕관 위에 새가 둥지를 틀면 사자는 어떨까요?

2. 그림 자세히 살피기
   1) 본문 10~11쪽, 사자 임금님은 새 둥지를 머리에 이고 어떻게 걷고 있나요?
   2) 본문 18~19쪽, 일곱 마리 아기 새들은 어떻게 놀고 있나요? 사자 임금님은 어떻게 하고 있나요?

3. 등장인물 되어보기
   1) 사자 임금님은 자기가 나타나면 모두 도망을 가버리자 마음이 어땠나요?
   2) 사자 임금님은 아기 새들이 자기의 머리카락과 꼬리를 물어뜯고, 주변에서 짹짹거리며 지저귈 때 마음이 어땠나요?

이야기를 나눌 때 이런 점을 유의하세요.

이 책은 조형성이 아주 뛰어난 책입니다. 아이들이 읽는 책이라고 들판, 나무, 사자, 다른 동물 친구들을 대충 아무렇게나 그린 것이 아닙니다. 자유롭게 그림을 그린 듯하나 현실성을 최대한 살린 그림들입니다. 그러면서도 고도의 예술성이 돋보이는 책이지요.

한 장면, 한 장면을 중심으로 이야기를 나누면 저절로 이야기가 해석되고 이해되고 느껴지는 책이 될 수 있습니다. 아이들이 그림을 보면서 많은 이야기를 할 수 있도록 도와주면 좋겠습니다.

book_ 39

글_ 필립 C. 스테드

그림_ 에린 E. 스테드

옮김_ 강무홍

출판사_ 주니어RHK

추천 연령_ 만 3~5세

주제_ 우정과 헌신

아모스 할아버지가 아픈 날

이 책은 어떤 책인가요?

친절한 아모스 할아버지와 동물 친구들의 우정과 헌신을 다룬 이야기입니다. 매우 따뜻하고 유머 넘치는 이야기이지요. 친절한 동물원지기 아모스 할아버지는 매일 동물 친구들을 성실하고 적절하게 돌보아줍니다. 그러다가 어느 날은 할아버지가 감기 몸살로 동물원에 갈 수 없었고, 할아버지는 동물들의 방문이라는 뜻밖의 선물을 받고 즐거워한다는 이야기입니다.

이 책은 글이 그리 많지 않습니다. 그림이 모든 분위기와 정보를 잘 전달하는 책이지요. 글은 간결하지만 따뜻하고, 유머가 넘치며, 그림은 섬세하면서 차분하게 이야기를 전하고 있습니다. 그림 작가가 연필로 세밀하게 그림을 그린 뒤에 목판화로 색을 입히는 방식으로 그렸다고 합니다. 중요한 것은 글에서 언급되지 않은 새, 생쥐, 빨간 풍선, 토끼 슬리퍼 등을 구석구석에 그려 넣어 이야기를 재미있게 그렸다는 것입니다.

그림 작가인 아내가 자신의 예술성에 대해 슬럼프에 빠져 있을 때 글 작가인 남편이 아내를 위해 이 글을 정성껏 썼다고 합니다. 남편은 아내가 그린 코끼리 그림을 보자마자 곧 이 작품의 성공을 예견했다고 합니다. 서로를 아끼고 배려하고 보살피는 작가의 마음이 상대방의 입장에서 생각하고 배려하는 바로 이런 주제의 이야기를 만들게 한 것 같습니다. 더불어 함께 살아가는 삶의 의미와 행복감을 느끼게 만드는 책입니다.

이 책의 작가는요?

이 책을 지은 글 작가와 그림 작가는 부부입니다. 글 작가인 필립 C. 스테드(Philip C. Stead, 1982~)는 미국 미시간주 파밍턴 힐스에서 태어났습니다. 아내인 에린 E. 스테드와는 미시간주 디어본에 있는 한 고등학교 미술 수업에서 만나 결혼하고 둘이 함께 그림책 작업을 하며 살고 있습니다. 남편 필립은 이 책에서는 글만 썼지만 글도 쓰고 그림도 그리는 작가입니다. 《아모스 할아버지가 아픈 날》은 그의 두 번째 책이면서 아내와 만든 첫 번째 책입니다. 이 책으로 이들 부부는 2011년 칼데콧 상을 받았습니다. 그의 글은 따뜻하고 간결하며 여운이 남는 글이라는 평을 받고 있습니다.

이 책의 그림 작가, 에린 E. 스테드(Erin. E. Stead, 1982~)도 미국 미시간주 파밍턴 힐스에서 태어났습니다. 남편과 공동으로 처음 작업한 이 책이 2010년 〈뉴욕타임스〉 최우수 그림책 상, 2011년 칼데콧 상을 받으면서 일약 유명한 그림책 작가가 되었습니다. 작가는 연필을 이용해 세밀한 그림을 그리고 목판화로 색을 입히는 방식으로 그림을 그린다고 합니다. 그림이 매우 차분하면서 섬세한 것이 특징입니다. 현재는 미시간주 앤 아버에 살면서 대학에서 그림을 가르치고 있습니다.

이 책의 줄거리는요?

동물원지기인 아모스 할아버지는 매일 동물들을 성실하게 돌보아줍니다. 코끼리와 체스를 두고, 거북이와 달리기를 하고, 수줍음이 많은 펭귄과는 조용히 같이 앉아 있어줍니다. 코 알레르기가 있는 코뿔소에게는 손수건을 빌려주고, 밤을 무서워하는 올빼미에게는 이야기책을 읽어줍니다. 크고 작은 동물들의 성격과 마음을 잘 헤아려 진심으로 동물들을 돌보아줍니다.

어느 날 잠에서 깨어난 아모스 할아버지는 콧물이 흐르고 재채기가 나옵니다. 감기 몸살인 것 같습니다. 일하러 갈 수 없게 되었지요. 할아버지가 동물원에 나타나지 않자 동물 친구들이 모두 걱정합니다. 이들은 모두 아모스 할아버지를 찾아가기로 합니다. 아모스 할아버지를 찾아온 동물 친구들은 할아버지와 체스도 두고, 숨기 놀이도 하고, 코도 닦아드리고, 발을 따뜻하게 감싸주기도 하고, 차도 끓여줍니다. 부엉이는 잠자기 전 책을 읽어줍니다.

이 책을 읽고 이렇게 이야기를 나누어보세요.

1. 이야기 알기
   1) 아모스 할아버지가 동물원에 가서 매일 하는 일은 무엇인가요? 차례대로 말해보세요.
   2) 동물 친구들은 왜 모두 아모스 할아버지의 집으로 갔을까

요?

2. 그림 자세히 살피기

   1) 글에는 나오지 않는데 그림에는 나와 있는 동물이 있으면 모두 말해보세요.
   2) 본문 24쪽, 아모스 할아버지가 낮잠을 자는 동안 펭귄은 무엇을 했나요? 왜 그랬을까요?

3. 등장인물 되어보기

   1) 아모스 할아버지가 아파서 동물원에 나올 수 없게 되자 동물들은 모두 어떤 마음이었을까요?
   2) 동물들이 모두 아모스 할아버지 집으로 찾아오자 아모스 할아버지의 마음은 어땠을까요?

이야기를 나눌 때 이런 점을 유의하세요.

이 책은 아이들의 행복 교육의 자료로 사용하기 참 좋은 그림책입니다. 인간은 누구나 행복하기를 원하지만, 행복이 무엇인지 분명하게 정의 내리기는 어렵습니다. 일반적으로 행복은 자신이 옳다고 생각하는 것이나 좋아하는 것이 충족되었을 때의 마음 상태라고 보면 될 것 같습니다. 행복감을 느끼는 건 사람마다 다르지만 행복해지기 위한 능력이나 기술은 존재하며 이는 교육 현장에서 지도할 수 있다고 합니다. 그림책은 아이들의 행복 능력을 길러줄 수 있는 좋은 매체입니다. 그림책 속 등장인물들의 삶을 통해 여러 가지 감정을 공유함으로써 어떻게 행복을 찾아가는지 간접경험을 할 수 있기 때문입니다. 행복은 즐거운 경험들을 통해 체험되는 것이지요.

  행복의 요소들 중에서도 긍정적 인간관계가 매우 중요합니다. 그것은 다른 사람과 관계를 맺고자 하는 인간의 내재적 욕구 때문입니다. 사람이 행복해질 수 있는 길은 남을 행복하게 하는 것이며, 남을 행복하게 하기 위해서는 배려하고 호의를 베풀고 보살펴주는 것입니다. 이 책은 바로 그런 이야기들로 꾸며져 있습니다. 이 책에서 아모스 할아버지나 동물 친구들이 어떻게 서로 배려하고 보살펴주는지, 서로 어떻게 감사하고 아껴주는지에 대해 이야기를 나누면 훌륭한 책 읽기가 될 것입니다.

book_ 40

글·그림_ 백희나

출판사_ 책읽는곰

추천 연령_ 만 3~5세

주제_ 소통, 친구 사귀기

알사탕

이 책은 어떤 책인가요?

우리는 어떤 말을 많이 하며 살아야 할까요? "사랑해!" "고마워!" "미안해" "보고 싶어" "만나자" 등의 말 아닐까요? 이런 말을 듣게 된 사람은 마음이 어떨까요? 얼마나 기분이 좋을까요? 아이나 어른이나 다 마찬가지이겠지요. 여러분은 혹시 이런 말을 잘하지 못해서 외롭지는 않은가요? 이 책은 이런 말들을 잘할 수 있도록 도와줍니다.

주인공 동동이는 남의 마음을 읽는 데도 서툴고, 자신의 마음을 표현하는 데도 서툽니다. 남의 마음을 잘 알고, 자신의 마음을 잘 표현할 수 있으면 이 세상을 살아가기가 훨씬 수월하겠지요. 우연히 얻게 된 알사탕이 마법처럼 주변에 존재하는 것들의 마음을 알려줍니다. 주변 존재들의 마음을 알게 된 동동이는 이제 자신의 마음을 표현할 준비가 되었습니다. 더 이상 외롭지 않을 것입니다.

이 책은 환상적이지만 그저 공허하기만 한 게 아니라 현실에 발붙인 사실적인 이야기들입니다. 일상 속에서 아무렇지도 않게 일어날 것만 같은 이야기들이기에 아이들은 더욱 공감하고 재미있어 하지요. 글과 그림이 잘 아우러진 멋진 책입니다. 글을 이야기 내용에 맞게 시각화해 이야기의 분위기를 한껏 고조시키기도 하지요. 끝도 없이 해대는 아버지의 잔소리를 고딕체의 글자로 한 페이지 가득 채워 답답했던 동동이의 마음 상태를 적나라하게 보여줍니다. 여러 가지 시각적 장치들을 활용해서 이야기를 밀도 있고 실감 나게 보여주지요. 알사탕을 입에 물은 동동이의 볼때기 모습, 껌을 탁자 밑에 붙이는 모습들은 절로 웃음이 터지게 하는 시각적 유희들입니다. 무엇보다 아이들이 좋아하는 책이지요.

이 책의 작가는요?

이 책의 작가, 백희나는 이화여자대학교에서 교육공학을, 캘리포니아 예술학교에서 애니메이션을 공부했습니다. 2004년 출간한 《구름빵》으로 우리나라 '국민 그림책 작가'가 되었지요. 지금까지 출간한 책들이 십 수 편인데 나오는 책마다 아이들의 폭발적인 인기를 얻고 있습니다. 작가는 《구름빵》, 《달 샤베트》, 《장수탕 선녀님》, 《이상한 엄마》, 《팥죽 할멈과 호랑이》, 《비 오는 날은 정말 좋아!》, 《북풍을 찾아간 소년》, 《분홍줄》, 《어제저녁》, 《삐약이 엄마》, 《꿈에서 맛본 똥파리》 등 해마다 꾸준히 그림책을 출간하고 있습니다.

수상 경력도 화려합니다. 몇 가지만 소개하면, 2005년 《구름빵》으로 볼로냐 국제아동도서전에서 올해의 일러스트레이터로 선정되었고, 2013년 《장수탕 선녀님》으로 제53회 한국출판문화상과 제

3회 창원아동문학상을 동시에 수상했습니다. 《알사탕》은 제11회 일본그림책서점대상과 제24회 '일본그림책대상' 번역상과 독자상을 동시에 받았습니다. 무엇보다 중요한 것은 2019년 아스트리드 린드그렌 상을 수상한 것입니다. 이 상은 전 세계에서 매년 1~2명의 그림책 작가에게 주는 상으로, 작품 한 편이 아니라 작가의 업적 전체와 예술성을 종합적으로 평가해서 주는 상입니다.

이 책의 줄거리는요?

동동이는 오늘도 혼자 놉니다. 한구석에서 혼자 구슬치기를 합니다. 누군가 함께 놀아주기를 바라는데 아무도 동동이에게 같이 놀자는 말을 하지 않습니다. '혼자 노는 것도 나쁘지 않다'고 마음을 달래봅니다. 그러나 혼자서 하는 구슬치기가 재미있을 리 없습니다. 동네 문방구에 들려 새로운 구슬을 발견합니다. 문방구 주인 할아버지의 권유로 구슬처럼 생긴 알사탕 한 봉지를 사서 나옵니다.

이게 웬일입니까? 알사탕 한 알을 입에 넣었더니 어디서 동동이를 불러대는 목소리가 들립니다. 거실의 소파가 동동이를 불러대는 겁니다. 소파는 리모컨이 옆구리에 끼어서 아프다고, 아빠가 소파에 앉아 방귀를 뀌어서 숨쉬기가 힘들다고 하소연합니다. 꿀꺽 알사탕을 삼켰더니 목소리가 사라졌습니다. 이상한 알사탕이지요.

동동이가 알사탕을 하나씩 입에 넣을 때마다 동동이 주변의 존재들이 소리를 냅니다. 각기 차례로 자신의 속마음을 이야기합니다. 늙은 개 구슬이의 속사정, 잔소리를 퍼붓는다고 생각했던 아빠의 속마음, 자주 만나지 못하는 할머니의 반가운 인사 등을 듣지요. 생각지도 못했던 주변 존재들의 마음들을 알게 된 동동이. 이제 투명 사탕 한 알이 남았습니다. 아무리 사탕을 빨아도 조용했습니다. 동동이는 그냥 친구에게 자기가 먼저 말해버리기로 합니다. "나랑 같이 놀래?"라고요.

이 책을 읽고 이렇게 이야기를 나누어보세요.

1. 이야기 알기

    1) 동동이는 왜 늘 혼자서 구슬치기를 했을까요?

    2) 알사탕을 먹고 난 다음 동동이에게 어떤 일이 생겼나요?

2. 그림 자세히 살피기

    1) 본문 6쪽, 그림을 설명해보세요.

    2) 본문 11~12쪽, 동동이는 소파가 하는 소리를 듣고 어떻게 되었나요?

3. 등장인물 되어보기

    1) 혼자서 구슬치기를 하는 동동이의 마음은 어땠을까요?

    2) 동동이가 친구에게 "나랑 같이 놀래?"라는 말을 하고 난 뒤 기분은 어땠을까요?

이야기를 나눌 때 이런 점을 유의하세요.

이 책은 환상적 이야기입니다. 그러나 현실에 바탕을 둔 주제가 뚜렷한 이야기지요. 알사탕은 상징적인 환상물입니다. 환상물로서의 알사탕은 동동이가 가지고 있는 현실적 문제를 해결해주는 고리 역할을 합니다. 가족 간에, 친구들 간에 의사소통이 잘 안 되는 경우가 많습니다. 의사소통을 위해 노력을 해야겠지요. 사람의 마음을 먼저 알아야 합니다. 다른 사람의 마음을 알고 내 마음을 다른 사람에게 알리는 것을 너무 어렵게 생각하지 말고 달달한 알사탕을 먹는 것처럼 생각하면 안 될까요?

　인사 잘 못하는 아이, 친구에게 선뜻 다가서지 못하는 아이, 늘 혼자 노는 아이들에게 이 책을 읽어주면 어떨까요? 말이 잘 안 나올 때는 동동이처럼 알사탕을 하나 입에 넣고 말을 해보라고 권해보세요. 주변 사람들은 나쁜 생각이 아니라 좋은 생각을 더 많이 한다고 일러주세요. 동동이가 왜 늘 혼자서 구슬치기를 했는지 물어보세요. 아이는 여러 가지 이유를 생각해낼 것입니다. 그 이유를 다 들어주세요. 아이는 그 이유를 말하는 동안 해결 방안도 스스로 생각해낼 것입니다.

book_ 41

글·그림_ 브리타 테큰트럽

옮김_ 김서정

출판사_ 봄봄출판사

추천 연령_ 만 3~5세

주제_ 이별, 우정, 추억

여우 나무

이 책은 어떤 책인가요?

사람은 언제까지 존재하는 것일까요? 아무도 나를 기억해주는 사람이 없을 때까지 아닐까요? 우리는 때로 영원한 이별을 경험합니다. 그 이별은 이별로서 끝나는 것이 아니라, 살면서 함께 가졌던 좋은 기억들이 살아 있는 자들의 가슴속에 영원히 남겨지기도 합니다. 이런 이야기가 이 책 속에 있습니다. 아주 멋진 색감과 따뜻한 글로 만들어진 훌륭한 책입니다. 원제는 《기억 나무》(The Memory Tree)입니다.

오래전 숲속에 여우 한 마리가 살았습니다. 그는 이제 피곤해서 더 이상 놀지 못하고 평소에 좋아하던 자리에 가만히 앉아 있습니다. 평소에 좋아하던 풍경들을 한 번 바라보면서 조용히 눈을 감습니다. 그리고 영원히 잠이 듭니다. 얼마 지나지 않아 그 자리에 숲속에 사는 여러 친구들이 모여들고, 여우와 함께했던 아름다운 추억담을 하나씩 말하기 시작합니다.

작가는 이 한 권의 그림책에 자신의 영혼을 다 불어넣은 것 같습니다. 이런 책을 읽는 아이들은 가슴이 떨릴 수밖에 없고, 삶의 중요한 지침을 얻을 수밖에 없을 것 같습니다. 그림책이 아니고 어떻게 이런 철학적인 이야기를 이토록 아름답게 그려낼 수 있을까요? 아! 정말 멋진 책입니다.

이 책의 작가는요?

이 책의 작가, 브리타 테큰트럽(Britta Teckentrup, 1971~)은 독일 함부르크에서 태어나고 자랐습니다. 열일곱 살 때 영국으로 가서 성 마틴대학과 국립 예술대학에서 일러스트레이션과 회화 공부를 했습니다. 지금은 베를린에 살면서 작품 활동을 하고 있지요. 작가가 지금까지 쓰고 그린 어린이 책이 100권이 넘는다고 합니다.

작가의 책들은 주로 나무, 벌, 곤충, 달, 바다, 하늘 등 자연을 소재로 하며, 짧고 간결하지만 인생에서 인간이 겪게 되는 매우 중요한 주제들을 심도 있게 다룹니다. 《여우 나무》를 비롯해 다른 많은 책들이 북스타트 책 목록에 선정되어 영국 어린이들에게 사랑받고 있으며, 25개국이 넘는 언어로 번역 출판되어 전 세계 어린이들이 좋아하는 작가가 되었습니다.

우리나라에도 《빨간 벽》, 《별을 사랑한 두더지》, 《물고기는 어디에나 있지》, 《모두 짝이 있어요》, 《시끌벅적 세상의 모든 탈것들》, 《나랑 친구 할래?》, 《세상은 얼마만큼 커요?》, 《난 목욕이 싫어!》 등 많은 책들이 번역되어 있습니다.

이 책의 줄거리는요?

여우 한 마리가 숲속에서 다른 친구들과 함께 아주 오랫동안 행복하게 살았습니다. 그런데 이제 그는 매우 피곤합니다. 평소 그가 매우 좋아하던 자리를 찾아와 조용히 누워봅니다. 평소 그가 좋아하던 풍경을 한 번 지그시 바라보고는 조용히 눈을 감습니다. 영원히 잠든 것이지요. 얼마 안 있어 부엉이 한 마리가 친구 곁으로 다가왔어요. 부엉이는 여우랑 오랫동안 매우 친했거든요. 매우 슬퍼했습니다. 곧이어 다람쥐, 족제비, 곰, 사슴, 새, 토끼, 생쥐 등 다른 친구들도 하나둘 모여들기 시작했습니다. 그들은 평소 여우와 가졌던 추억담을 하나둘 꺼내기 시작합니다. 여우는 매우 다정하고 친구들을 잘 보살펴주었지요. 모두 여우를 좋아했고, 여우가 없는 세상을 슬퍼했습니다.

친구들이 여우와의 추억담을 하나씩 꺼내 이야기하면서 친구들의 마음이 따뜻해지기 시작했습니다. 동물 친구들이 이야기를 나누는 동안에 여우가 누웠던 자리에 조그만 오렌지 나무 싹이 올라왔어요. 친구들이 이야기를 하나씩 더해가는 동안 오렌지 나무는 점점 자라 조그만 나무가 되었습니다. 친구들은 여우가 여전히 자기들 곁에 있다고 느꼈어요. 친구들은 여우와의 추억을 더 많이 떠올렸습니다. 그 나무는 점점 더 커지고 자라 숲속에서 가장 아름다운 나무가 되었습니다. 그 나무는 추억과 사랑으로 자란 나무였습니다.

이 책을 읽고 이렇게 이야기를 나누어보세요.

1. 이야기 알기
   1) 여우가 죽자 동물 친구들이 여우 곁으로 모여들어 이야기를 나누었는데 어떤 이야기를 나누었나요?
   2) 친구들이 여우와의 추억담을 나누자 친구들의 마음이 어떻게 변해갔나요?
2. 그림 자세히 살피기
   1) 본문 6쪽, 여우 곁에 내려온 부엉이의 모습에서 부엉이는 어떤 마음이었을까요?
   2) 본문 21~22쪽, 오렌지 나무는 얼마나 큰 나무일까요?
3. 등장인물 되어보기
   1) 죽은 여우 곁에 둘러앉은 동물 친구들의 마음은 어땠을까요?
   2) 오렌지 나무 곁에 둘러앉은 동물 친구들의 마음은 어땠을까요?

이야기를 나눌 때 이런 점을 유의하세요.

아이와 함께 그림책을 읽는다는 것은 아이와 함께 이야기를 나눌 수 있는 기회를 가질 수 있다는 뜻입니다. 아이의 사고는 함께 이야기를 나누는 것에서부터 시작됩니다. 이야기를 나누면서 여러 가지 단어들을 배우고, 생각하는 방법을 배우고, 자기의 생각을 언어로 표현하는 것을 배우게 되지요. 이런 것들은 책을 읽으면서 이야기를 나누면 피할 수 없이 따라오는 것들입니다.

그림책 속에는 소위 주제라고 말하는 여러 가지 생각거리들이 들어 있습니다. 이 주제들을 중심으로 이야기를 나누는 것이 효과적이겠지요. 그림책에는 정말 수없이 많은 주제들이 있습니다. 이 책의 주제는 평소 아이들과 이야기 나누기가 상당히 어려운 주제입니다. 사랑하는 사람과의 이별을 어떻게 받아들여야 할지에 대해 이야기를 나누는 것이 결코 쉽지 않기 때문입니다. 그런데 이 책을 중심으로 이야기를 나누면 이런 주제를 자연스럽게 다룰 수 있는 절호의 기회가 될 수 있습니다.

book_ 42

글·그림_ 플뢰르 우리

옮김_ 박정연

출판사_ 노란돼지

추천 연령_ 만 3~5세

주제_ 두려움과 설렘, 사랑

처음 학교 가는 날

이 책은 어떤 책인가요?

 엄마 품을 떠나 새로운 세계로 출발하는 우리 아이, 잘 적응할 수 있도록 도와주고 싶은가요? 우리 아이의 등굣길이 편안하고 즐거울 수 있도록 도와줄 수 있을까요? 어떻게요? 아이의 새로운 세계에 대한 걱정과 두려움은 엄마의 사랑 가득한 격려가 최고입니다. 두려움 가득한 우리 아이, 엄마가 몸으로 끌어안고 어루만지면서 다정한 말로 달래주는 것이 최고이지요. 이 책에 나오는 꼬마 곰과 엄마 곰은 바로 이렇게 처음 학교 가는 길의 두려움을 달래고 있네요.

 이 책은 책장을 넘기는 것만으로도 마음이 환해지고 따뜻해집니다. 글 밥이 적은 그림책, 그림으로 많은 이야기를 하네요. 책장을 펴는 순간 그림이 세밀한 음성으로 우리 귀에 속삭이기 시작합니다. 그리고 그 그림들이 너무 환하고 따뜻해서 책장을 펴면 순간 저절로 기분이 좋아집니다. 학교 가는 길, 동물들이 모두 두 발로 걷고 있습니다. 동물인 듯 인간인 듯 모두 다 다릅니다. 생김새도,

성격도, 취향도, 능력도, 모두 다 달라 보입니다. 그러나 이들은 모두 친구가 되겠지요. 두려워하면서도 힐끗 다른 친구들을 쳐다보는 주인공의 설렘 가득한 마음이 따뜻하게 전해져 옵니다.

처음으로 학교 가는 길이 왜 걱정스럽지 않겠어요? 책가방을 잃어버리지는 않을까? 친구들이 아무도 내게 말을 걸어오지 않으면 어떻게 할까? 선생님이 나를 자꾸 야단치면 어떻게 할까? 길을 잃어버리지는 않을까? 걱정이 한두 가지 아닙니다. 그 걱정은 아이들뿐만 아니라, 아이를 학교에 보내는 어른도 마찬가지입니다. 그래서 어른들은 아이를 학교에 데려다주고도 얼른 집으로 돌아오지 못하고 모두 숲속에 숨어 아이를 지켜보고 있습니다. 우리 아이들이, 우리 부모들이 한 번은 겪고야 말 이야기를 이렇게 따뜻하게 전해주네요.

이 책의 작가는요?

이 책의 작가 플뢰르 우리(Fleur Oury)는 프랑스의 신인 작가입니다. 그녀는 학창 시절, 여백에 그림 그리는 것을 좋아했다고 합니다. 그런데 그녀의 주 관심은 과학이었고, 그래서 대학에서 생물학을 공부했습니다. 대학을 졸업한 뒤 다시 그림을 그리고 싶었고, 프랑스 스트라스부르에 있는 장식미술학교에서 공부를 더한 뒤에 그림책 작가가 되었습니다. 《처음 학교 가는 날》이 바로 작가의 첫 번째 그림책입니다. 2015년에 출판되었습니다. 그녀는 지금까지 4권의 그림책을 출간했고, 우리나라에 번역된 책은 이 책 외에 《일요일, 어느 멋진 날》이 있습니다. 지금까지 나온 작가의 책들은 모두 자연이 중요한 자리를 차지하고 있습니다.

이 책의 줄거리는요?

꼬마 곰이 산고사리 이불 속에서 일어나기 싫다고 말합니다. 엄마 곰이 무슨 일 있느냐고 묻습니다. 꼬마 곰은 무서운 꿈을 꾸었다고 대답하지요. 꿈속에서 책가방을 잃어버렸고, 선생님에게 야단을 맞기도 했으며, 아무도 친구가 되어주지 않았다고 말합니다. 꼬마 곰의 염려가 꿈으로 나타난 것이지요.

엄마 곰은 꼬마 곰을 꼭 안아주면서 조용히 말해줍니다. "우리 꼬마 곰, 처음 하는 일에 겁이 나는 건 당연한 거야."라고요. 그리고 학교에 가면 더 재미있는 일이 기다리고 있으니 겁내지 말라고 말해줍니다. 둘은 손을 잡고 학교에 가면서 이런저런 이야기들을 합니다. 가다가 엄마는 꼬마 곰에게 맛있는 열매를 따주기도 하고, 다른 친구들을 쳐다보게도 합니다. 다른 친구들 모두 엄마 손을 잡고 학교에 가고 있네요. 학교는 겁나는 곳이 아니라, 많은 것을 배우고, 친구들을 사귈 수 있는 곳이라고 차분히 말해줍니다.

이 책을 읽고 이렇게 이야기를 나누어보세요.

1. 이야기 알기
    1) 꼬마 곰은 왜 일어나기 싫었을까요? 왜 학교 가기가 싫었을까요?
2. 그림 자세히 살피기
    1) 표지부터 차근히 살펴봅시다. 꼬마 곰과 엄마 곰의 표정을

자세히 살펴보고 이들이 지금 어떤 기분인지 말해봅시다.
   2) 맨 마지막 쪽, 엄마 동물들은 모두 어디에서 무엇을 하고 있나요? 무슨 생각을 하고 있을까요?
3. 등장인물 되어보기
   1) 여러분은 학교 가는 것이 기다려지나요? 왜 그렇지요?
   2) 꼬마 곰은 학교에서 어떻게 되었을까요?

이야기를 나눌 때 이런 점을 유의하세요.

이 책은 그림을 보면서 이야기를 많이 나누어야 하는 책입니다. 글 밥이 적지만 이야기의 내용은 풍부한 책입니다. 이야기를 나눌 때 이야기의 내용과 독자의 경험을 연결하고 상상하면서 이야기를 나누십시오. 책 표지부터 찬찬히 살펴보는 것이 좋습니다. 그림이 전달하는 주인공의 속마음과 감정을 최대한 경험할 수 있으면 좋겠지요. 새로운 일에 대한 두려움과 도전, 그러면서도 설렘의 기분을 마음껏 상상하고 느끼게 하십시오. 이 책은 여러 가지 사실들의 인과관계를 알고 이해하는 것이 중요하지 않습니다. 독자가 주인공이 되어 주인공의 마음에 공감하고 느끼는 게 더 중요합니다.

꼬마 곰 입장에서만 생각하지 말고, 엄마 곰 입장에서도 생각하게 하십시오. 엄마 곰은 꼬마 곰을 어떻게 깨우고 있는지, 학교 가는 길에 엄마 곰은 꼬마 곰에게 무엇을 해주었는지 찬찬히 살펴보게 하십시오. 맨 마지막에 엄마 곰이 꼬마 곰을 학교에 데려다 주고서도 왜 바로 떠나지 못하고 숲속에 숨어서 지켜보고 있는지 등에 대해 그림을 보면서 상상하고 느끼게 하십시오.

book_ 43

글·그림_ 가스 윌리엄즈

옮김_ 강무환

출판사_ 시공주니어

추천 연령_ 만 3~5세

주제_ 사랑, 결혼

토끼의 결혼식

이 책은 어떤 책인가요?

사랑해보셨습니까? 어떤 마음이던가요? 하루 종일 생각이 나고, 어쩐지 그 사람에 비해 내가 모자라는 것 같고, 그 사람을 위해 무엇이나 다 해주고 싶고, 늘 지켜주고 싶고, 그를 위해 수고하고 싶고, 그의 모든 것이 되고 싶고, 언제나 같이 있고 싶고, 그러면서도 내 생각을 말하기는 무척 어렵고, 뭐 그렇지 않던가요? 사랑은 기쁨만 있는 것이 아니라 아픔도 반드시 있지요.

토끼 두 마리가 서로 사랑하고, 영원히 영원히 함께 살기를 맹세하고, 아주 행복하게 결혼하는 이야기입니다. 그림은 파스텔 톤으로 마치 토끼가 살아 있는 것처럼 아주 부드럽게 그려져 있습니다. 아마도 사랑하는 이들의 얼굴은 이렇게 부드럽고 다정한 얼굴이 아닐까요? 연애는 어떻게 하나요? 서로 뛰어다니기도 하고, 넘어지기도 하고, 몸을 부딪치기도 하고, 껴안기도 하고, 밥도 같이 먹고, 물도 같이 마시면서 연애하지 않습니까? 밥도 한 번 같이 먹지 않고, "우리 연애합니다"라고 말할 수는 없지요. 까만 토끼는 왜 자꾸 슬퍼지나요? 어느 유행가 가사가 생각나네요. '그대 앞에만 서면 나는 왜 작아지는가?' 이런 감정 없이 연애한다고 하면 거짓이겠지요.

아이들에게 '연애의 모든 것', '사랑의 모든 것', '결혼의 모든 것'을 아주 자연스럽게 보여주고 가르쳐주는 것 같습니다. 그림책은 참 신기한 매체입니다.

이 책의 작가는요?

이 책의 작가, 가스 윌리엄즈(Garth Williams, 1912~1996)는 어린이 책 삽화가로 유명합니다. 특히 동물들을 마치 살아 있는 것처럼 섬세하고, 부드럽게 생생하게 그려내는 재주가 있었습니다. 뉴욕에서 태어났고, 열 살 때 영국으로 이주했으며 멕시코에서 생을 마감했습니다. 그의 예술적 재능은 부모 양쪽 모두로부터 영향을 받은 것 같습니다. 아버지는 만화가이고, 어머니는 풍경 화가였다고 합니다.

작가는 영국의 웨스트민스터 예술학교와 런던의 왕립 아카데미에서 수공예와 그림 그리기를 배웠습니다. 프랑스가 제공하는 예술 전공 학생들에게 주는 장학금으로 이탈리아 로마에서 공부를 하였습니다. 이후 뉴욕으로 다시 돌아가 1941년까지 그곳에서 E. B. 화이트와 함께 예술 활동을 했습니다. 미국 어린이 책의 고전 《샬롯의 거미줄》과 '초원의 집' 시리즈는 그의 대표작입니다. 그는 80권이 넘는 책에 삽화를 그렸고 7권의 그림책을 창작했습니다.

이 책의 줄거리는요?

아기 토끼 두 마리가 숲속에 살고 있습니다. 한 마리는 하얀 토끼이고, 다른 한 마리는 까만 토끼입니다. 둘은 하루 종일 함께 놉니다. '폴짝 뛰어넘기 놀이'도 하고, '숨바꼭질 놀이'도 하고, '딸기 덤불 돌기 놀이'도 합니다. '도톨이 찾기 놀이'도 합니다. 둘은 놀다가 지치면 물도 마시고, 민들레 잎도 따 먹습니다. 이따금씩 검은 토끼가 땅바닥에 주저앉아 슬픈 표정을 짓습니다. 하얀 토끼가 "왜 그래?" 하고 물어도 까만 토끼는 선뜻 말을 하지 않습니다. 결국에는 하얀 토끼가 "뭘 그렇게 생각하는데?" 하고 물었습니다. 그때서야 까만 토끼가 자기 소원을 생각하는 중이라고 대답합니다. 하얀 토끼가 "네 소원이 뭔데?" 하고 묻자 까만 토끼가 "너랑 영원히 함께 있는 것"이라고 말합니다. 하얀 토끼는 깜짝 놀랍니다. 둘은 언제까지나 항상 상대방의 모든 것이 되어주기로 합니다. 그리고 둘은 민들레꽃을 머리에 꽂고, 동료들이 지켜보는 가운데 결혼합니다.

이 책을 읽고 이렇게 이야기를 나누어보세요.

1. 이야기 알기
    1) 표지를 보면서, 하얀 토끼와 까만 토끼는 서로 어떤 사이일까요?
    2) 까만 토끼는 왜 이따금씩 슬픈 표정을 지었을까요?
2. 그림 자세히 살피기
    1) 본문 8~9쪽, 하얀 토끼와 까만 토끼는 지금 어떤 기분일까

요?

2) 본문 18~19쪽, 하얀 토끼와 까만 토끼는 지금 무슨 말을 하고 있을까요?

3. 등장인물 되어보기

1) 하얀 토끼가 까만 토끼에게 "너랑 영원히 함께 있는 것, 그게 내 소원이야"라는 말을 들었을 때 어떤 기분이 들었을까요?

2) 까만 토끼가 하얀 토끼의 "왜 좀 더 어려운 걸 바라지 않니?"라는 말을 들었을 때 기분이 어땠을까요?

이야기를 나눌 때 이런 점을 유의하세요.

많은 그림책들은 동물을 의인화하여 이야기를 서술합니다. 동물을 의인화해 주인공을 삼으면 여러 가지 이점이 있다고 합니다. 동물이 가진 고유한 성격들을 반영할 수 있고, 성이나 민족에 대한 편견에서 벗어나기도 하지요. 무엇보다 아이들이 동물들을 좋아하고, 아이들이 책을 읽을 때는 동물 주인공을 동물이 아니라 인간으로 생각하며 이야기를 받아들이게 됩니다.

이 책 역시 토끼가 아니라 서로 다른 두 인간이 만나 사랑하고, 연애하고, 결혼하는 이야기입니다. 그런데 이 이야기를 성장한 두 인간으로 기술했다면 이 책의 매력은 훨씬 떨어질 겁니다. 토끼의 이야기이지만 마치 사람의 이야기처럼 서로 얼마나 좋아하는지, 얼마나 다른지, 무엇을 고민하는지, 서로 어떤 마음을 가지고 결혼하는지 등의 이야기를 자연스럽게 나누는 것이 좋겠습니다.

book_ 44

글_ 모리야마 미야코

그림_ 쓰치다 요시하루

옮김_ 양선하

출판사_ 현암사

추천 연령_ 만 3~5세

주제_ 꿈꾸는 세상

흔들다리 흔들흔들

이 책은 어떤 책인가요?

'아기 여우' 시리즈 중의 한 권입니다. 이 책은 전체적으로 느낌이 아주 섬세하고 부드럽고 따뜻합니다. 아기 여우, 아기 곰, 아기 토끼는 친구들입니다. 다정한 친구들이지요. 세 친구들이 살아가는 이야기를 예쁘고 진지하게 표현하고 있습니다.

이들이 사는 곳에는 계곡이 있고 계곡에는 흔들다리가 있습니다. 계곡은 매우 깊고, 다리는 아주 길어서 아기 여우, 아기 곰, 아기 토끼는 감히 이 다리를 건너지 못합니다. 어느 날, 아기 여우는 다리 건너편에 누가 살고 있는지 궁금해졌습니다. 마침 다리를 건너오는 멧돼지 아저씨를 만나 물어보니, 여자 아기 여우가 살고 있다고 합니다. 그러나 다리를 건너는 것이 무시무시합니다. 이 다리를 건너기 위해 아기 여우가 어떤 마음으로 어떤 노력을 하는지가 그려진 이야기입니다.

이 간단한 책 한 권에서 아이들의 온갖 마음이 다 보이네요. 아이들은 어른들과 놀고 싶은 것이 아니라 자기 또래의 친구들과 놀고 싶고, 보지 못한 세상에 대한 호기심과 관심도 있습니다. 그러한 욕구를 다 채우기에는 무섭고 두려운 일도 많습니다. 그렇지만 조금씩 조금씩 도전해보는 용기도 낼 줄 압니다. 책을 다 읽고 나면 진하게 여운이 남는 책입니다.

이 책의 작가는요?

이 책의 글 작가, 모리야마 미야코(森山 京, 1929~2018)는 일본 도쿄에서 태어났습니다. 광고 카피라이터로 일하다가 동화 작가가 되었다고 합니다. 아이의 마음과 따뜻한 미소를 지닌 분이라고 합니다. 작가의 책들은 모두 아이의 마음이 엿보이는 따뜻한 책들입니다. 《노란 양동이》가 포함된 '아기 여우' 시리즈가 대표적이고, 《나무 할아버지와 줄넘기》, 《너무 너무 졸려요》, 《오늘 참 예쁜 것을 보았네》, 《나는야 탐험가 쿤쿤》, 《쿤쿤의 숲 속 이야기》, 《곰돌이 쿠》, 《아기 토끼의 엄마 놀이》, 《그 아이를 만났어》, 《아빠를 기다리며》, 《나도 고마워!》 등 수많은 작품들을 썼고, 이 책들로 일본의 주요 문학상들을 많이 받았습니다.

이 책의 그림 작가, 쓰치다 요시하루(土田 義晴, 1957~)는 일본의 초등학교 국어 교과서와 음악 교과서에 그림을 많이 그려서 대부분의 일본 사람들은 그의 그림을 보면 알아볼 수 있을 정도라고 합니다. 야마가타현에서 태어났고, 일본대학 예술학부 유화과를 졸업했습니다. 다른 작품들로는 《노란 양동이》, 《우고의 대단한 심부름》, 《그 아이를 만났어》, 《엄마 아빠는 나만 미워해!》, 《마법의 그림물감》 등이 있습니다. 대부분 작품의 화풍이 매우 부드럽고 따뜻하며, 내용은 아이들에게 꿈과 희망을 주는 이야기들입니다.

이 책의 줄거리는요?

아기 여우, 아기 곰, 아기 토끼는 친구들입니다. 다정한 친구들이지요. 이들이 사는 곳에 계곡이 있고, 계곡에는 흔들다리가 있습니다. 계곡은 아주 깊고, 다리는 매우 길어서 아기 여우, 아기 곰, 아기 토끼는 감히 이 다리를 건너지 못합니다. 어느 날, 아기 여우는 다리 건너편에 누가 살고 있는지 궁금해졌습니다. 마침 다리를 건너오는 멧돼지 아저씨를 만나 물어보니 여자 아기 여우가 살고 있다고 합니다.

아기 여우는 다리 건너편에 살고 있는 여자 아기 여우를 만나고 싶습니다. 친구들은 좀 더 크면 만나자고 아기 여우를 말립니다. 그러나 아기 여우는 다 큰 여우가 아니라 자기만 한 친구 여우를 만나야 한다고 생각합니다. 날마다 일어나 한 단계씩 다리 건너는 연습을 합니다. 정말 무시무시합니다. 어느 날은 바람이 불기도 하고, 비가 와서 계곡에 물이 흐르기도 하고, 햇빛에 눈이 부시기도 합니다. 너무 무서워 다리 한가운데에 주저앉기도 합니다. 그러나 조금씩 조금씩 연습을 하여 다리 중간까지 옵니다. 아기 여우는 다리 중간에서 하모니카도 불어주고, 다리 위에 동백꽃도 놓아둡니다. 끝까지 가는 것은 아무래도 아직은 무리인 것 같습니다. 아기 여우는 "언제 또 놀자." 하고 소리를 질러봅니다. 건너편에 살고 있는 여자 아기 여우를 빨리 만났으면 좋겠다고 생각합니다.

이 책을 읽고 이렇게 이야기를 나누어보세요.

1. 이야기 알기

   1) 아기 여우는 왜 흔들다리를 건너가고 싶었나요?

   2) 아기 여우는 언젠가 흔들다리를 건너갈 수 있을까요?

2. 그림 자세히 살피기

   1) 흔들다리가 제일 무섭게 보이는 그림은 무엇인가요?

   2) 본문 20~21쪽, 아기 여우, 아기 토끼, 아기 곰이 왜 모두 두 마리씩일까요?

3. 등장인물 되어보기

   1) 아기 여우가 두 손으로 흔들다리 줄을 꼭 잡고 한 발씩 걷기 시작했을 때 기분은 어땠을까요?

   2) 아기 여우가 다리 중간에 왔을 때 얼마나 무서웠을까요?

이야기를 나눌 때 이런 점을 유의하세요.

그림책은 상상력을 키워줄 수 있는 가장 좋은 매체입니다. 상상은 지금 여기 보이지 않는 것을 머릿속으로 그려내는 걸 말합니다. 상상은 모든 창의적 활동의 기초가 되지요. 누리과정에서도 상상력 신장을 주요한 교육목표로 삼고 있습니다. 이 책은 상상력을 키우기에 참 좋은 책입니다. 다리 건너 저쪽 편에 누가 있을까요? 지금 아기 여우의 눈에는 보이지 않습니다. 독자의 눈에도 보이지 않습니다. 독자는 아기 여우가 되어 저쪽 편에 살고 있는 친구가 어떤 모습을 하고 있을지 구체적으로 상상해보면 좋겠지요. 만난다면 어떻게 인사를 하고, 무슨 말을 하고, 무슨 놀이를 하며 놀 것인지 아이에게 상상해보게 하십시오. 독자가 그림으로만 볼 수 있는 흔들다리는 구체적으로 얼마나 긴 다리인지, 얼마나 깊은 계곡인지, 바람이 불 때는 다리가 어떻게 흔들리는지 상상하게 하십시오. 이 책은 상상거리가 매우 많은 책입니다. 아이의 머릿속에 떠오르는 생각들을 말로 표현해보게 하십시오.

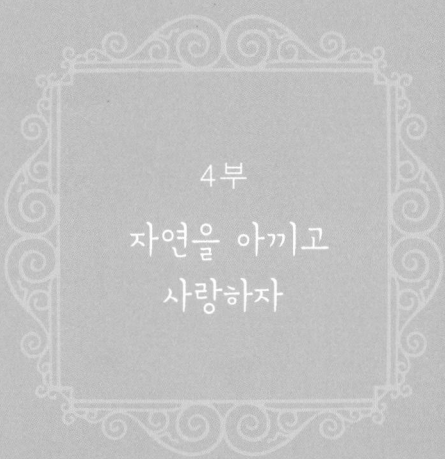

4부

자연을 아끼고
사랑하자

book_ 45
글·그림_ 김동수
출판사_ 보림
추천 연령_ 만 3~5세
주제_ 생명 존중, 배려

감기 걸린 날

이 책은 어떤 책인가요?

 초등학생이 읽어도 좋을 만한 책입니다. 삐뚤삐뚤 아이들이 직접 그림을 그리고, 글을 쓴 것 같은 매우 재미있는 책입니다. 그림일기 같은 책입니다. 모두 오리털 내지는 거위 털 점퍼들을 가지고 있지요? 오리털 점퍼에서 털이 삐죽삐죽 빠져나온 경험들도 다 하셨지요? 이런 점퍼들을 입으면서 털 빠진 오리 생각을 해보신 적 있으신가요?

 주인공의 따뜻한 마음이 느껴지는 책입니다. 엄마가 오리털 점퍼를 사주셨습니다. 점퍼를 입고 거울을 보니 깃털 하나가 삐죽 나왔습니다. 아이는 이 옷을 만들기 위해 털이 다 뽑힌 오리들을 생각합니다. 우리가 먹고 자고 입고 하는 모든 것들이 다 누군가의 희생으로 된 것들은 아닐까요? 어른보다 아이들이 먼저 그런 생각들을 하네요. 우리 모두 아이의 마음을 가지고 살면 세상은 훨씬 더 밝고, 따뜻하다고 말하는 책입니다.

이 책의 작가는요?

이 책의 작가, 김동수는 동덕여자대학교에서 회화를 전공했습니다. 작가의 책들은 대부분 자연과 생명에 대한 성찰을 주제로 하고 있으며, 아이들이 아니면 생각하기 어려운 생각들을 간결하고 재미나게 표현합니다. 그림도 아이가 생각하는 어떤 형태를 선으로 쓱쓱 그리고, 그 위에 공간을 색연필로 채운 듯한 느낌입니다. 그림은 자유롭고 아기자기한 분위기를 연출하고 있습니다.

2001년 〈고무동력기여행〉이라는 작품으로 한국출판미술대전에서 대상을 받았고, 2002년 《감기 걸린 날》로 제3회 보림창작그림책 공모전에서 우수상을 받았습니다. 작가의 다른 작품들로는 쓰고 그린 책 《엄마랑 뽀뽀》, 《잘 가, 안녕》이 있으며, 그림을 그린 책은 《학교 가는 날》, 《할머니 집에서》, 《수박씨》, 《나만 알래》 등이 있습니다.

이 책의 줄거리는요?

엄마가 따뜻한 오리털 점퍼를 하나 사주셨습니다. 그 옷을 입고 거울 앞에 서 보니 오리털 깃털 하나가 빠져나와 있었습니다. 아이는 이 옷을 만들기 위해 털이 다 뽑힌 오리들을 생각합니다. 그날 밤 꿈속에서 춥다고 하소연하는 오리를 만나고, 수많은 오리들에게 점퍼의 깃털들을 빼내 차례로 다 심어줍니다. 오리들과 친구가 되어 썰매도 타고 즐겁게 놉니다. 아이는 재채기를 참으려고 하지만 재채기를 하고 맙니다. 감기에 걸린 것이지요. 아이의 엄마는 이불을 덮지 않아 감기에 걸렸다고 말합니다. 아이는 오리털을 다 나누어주어 감기에 걸렸다고 생각합니다. 학교를 가는데 또 깃털 하나가 빠져나와 하늘을 날아갑니다. 참 이상한 일입니다. 분명 깃털은 모두 오리들에게 다시 심어주었는데 말입니다.

이 책을 읽고 이렇게 이야기를 나누어보세요.

1. 이야기 알기
    1) 아이는 거울 앞에 서서 빠져나온 오리털 한 개를 보고 무슨 생각을 했을까요?
2. 그림 자세히 살피기
    1) 본문 8쪽, 아이는 왜 감기에 걸렸을까요?
3. 등장인물 되어보기
    1) 수많은 오리들이 털이 다 빠진 채 아이 앞에 서 있는 것을 보고 아이는 어떤 마음이 들었을까요?
    2) 털이 다 뽑힌 오리들은 얼마나 추웠을까요?

이야기를 나눌 때 이런 점을 유의하세요.

이 책은 아이들이 하루 일과 중에서 특별한 일을 되돌아보고 기록한 그림일기 같은 책입니다. 엄마가 따뜻한 오리털 점퍼를 사주셨고, 아이는 그 옷을 입고 거울 앞에 서 봅니다. 오리털 한 개가 빠져나와 있고, 아이는 그 오리털 한 개를 보고 오리털 점퍼가 만들어지기까지의 과정을 상상해냅니다. 곧 털이 뽑힌 오리들에게 미안한 마음을 가집니다.

누리과정에서 목표하는 인간상 중 하나는 상상하는 인간입니다.

즉 상상력을 길러주는 것이 주요 교육목표 중 하나라는 거지요. 상상력은 보이지 않는 것들을 머릿속에서 그림을 그리듯 구체적으로 생각해내는 것을 말합니다. 대부분의 그림책들은 상상력이 동원되지 않고는 그림책이 잘 이해되지 않습니다. 이 책은 아예 주인공의 상상력으로 인해 생긴 문제를 책의 소재로 삼고 있습니다.

그 상상력은 주인공의 몫이기도 하지만 그 상상력에 공감할 수 있는 독자들의 문제이기도 합니다. 주인공의 상상에 독자가 공감할 수 없다면 이 책의 내용을 제대로 이해하기 어려울 것입니다. 아이들에게 이 상상을 논리 정연한 말로 묘사하기를 강요해서는 안 되겠지요. 그러나 오리털 점퍼 하나가 만들어지기 위해 오리들이 털이 뽑히는 장면이나 그림책에 나와 있듯이 수많은 오리들이 털이 뽑힌 채 모여 서서 떨고 있는 장면을 한 번쯤 상상해보고 말해보는 것은 나쁘지 않을 겁니다.

book_ 46

글·그림_ 백희나

출판사_ 책읽는곰

추천 연령_ 만 3~5세

주제_ 지구 사랑, 더불어 살기

달 샤베트

이 책은 어떤 책인가요?

한 아파트에 사는 사람들에게 한밤중 정전이 되고 난 다음 일어난 이야기입니다. 아파트의 각 집들은 모두 같은 유형의 공간에서 살아가지만 각기 다른 취향과 다른 모습을 하면서 문을 꽁꽁 닫고 살아가지요. 그들 모두 지구를 생각하지 않고 에너지를 펑펑 써대며 사는 것 같습니다. 작가는 이런 인간 군상들을 잘 그려내면서 우리 모두에게 지구를 아끼며 더불어 살아가자고 말하는 것 같습니다. 그런데 그 이야기가 너무나 낭만적이면서 달콤합니다. 이 책은 백희나 작가의 다른 책들과 마찬가지로 환상적 세계가 마치 현실 세계인 것처럼 아름답게 펼쳐집니다.

구성이나 소재 면에서 존 로코(John Rocco)의 《앗, 깜깜해》를 많이 닮았네요. 이 책 역시 정전이 되고 아파트에 사는 사람들에게 일어난 이야기입니다. 책의 주제 역시 '더불어 살기'에 관한 것이지요. 두 책을 함께 읽어보면 아이들이 많이 좋아할 것 같습니다.

이 책의 작가는요?

이 책의 작가, 백희나는 서울에서 태어나 이화여자대학교에서 교육공학을, 캘리포니아 예술학교에서 애니메이션을 공부했습니다. 작가의 그림책에 나오는 캐릭터는 모두 개성이 넘치고, 이야기에 꼭 맞는 모습을 하고 있습니다. 작가는 그림을 그리는 것이 아니라 모형을 만들어 사진을 찍어 만든다고 합니다. 이 책에 나오는 아파트도 높이 1미터가 넘는 모형을 만들어 사진을 찍었다고 합니다. 다른 그림책에서 **절대로 볼 수 없는 아주 독창적 이미지들로 가득하지요. 그래서인지 작가의 책들은 대부분 아이들이 열광을 하지요. 우리나라 아이들뿐 아니라 일본**, 중국, 대만, 프랑스의 아이들까지 열광을 합니다.

작가는 그림책을 만드는 일이 아주 고되지만 아이스크림을 먹는 것처럼 행복한 일이라고 말합니다. 세상 엄마들이 아주 최고의 음식은 아니더라도 가장 영양가 있는 음식을 만들어 아이들에게 먹이려고 애를 쓰듯이 그런 마음으로 책을 만든다고 하네요. 작가는 자신이 만든 책에 대해 작가가 이러쿵저러쿵 말하고 쉽지 않다고 합니다. 그냥 아이들이 읽고 즐기면 된다고 합니다. 그림책 내용에 집착하고, 그림을 자꾸 해석하려고 애쓰면 그림책의 핵심을 놓치기 쉽다고 하면서 그냥 아이들이 즐기고 카타르시스를 느꼈으면 좋겠다고 합니다. 작가가 그림책을 대하는 관점을 엿볼 수 있는 대목이지요.

이 책의 줄거리는요?

 이야기는 아파트에 사는 각 가정들의 내부를 보여주는 것으로 시작됩니다. 그다음 장면에서는 휘영청 달 밝은 밤에 늑대 할머니가 아파트 베란다에 나와 부채를 부치면서 더위를 식힙니다. 다시 각 집의 사는 모습이 보입니다. 모든 집들이 에어컨, 선풍기, 냉장고 등 각종 전기장치들을 틀어놓고 더위를 식히고 있지요. 그런데 웬일인가요? 밖에서 달이 녹아 달 물이 똑똑 떨어집니다. 반장인 늑대 할머니가 그 소리를 듣고 밖을 내다봅니다. 곧이어 큰 고무 대야를 가져와 달 물을 받습니다. 그것으로 샤베트를 만들어 냉동실에 보관합니다.

 집집마다 에어컨이 쌩쌩, 선풍기가 씽씽, 냉장고가 윙윙 돌아가다 갑자기 멈추어 섰습니다. 정전이 되었지요. 온 세상이 다 깜깜합니다. 사람들은 무슨 일인가 하고 하나둘 밖으로 나옵니다. 그런데 반장 할머니의 집에서 이상한 불빛이 새어 나옵니다. 모두 반장 할머니의 집으로 모이고, 그곳에서 달 샤베트를 얻어먹습니다. 모두 몸이 시원해지고, 몸에서 노란빛이 나옵니다. 이야기는 계속 이어지지요. 달에서 살던 옥토끼까지 반장 할머니를 찾아와서 달 물이 녹아버려 더 이상 달에서 살 수 없다고 말합니다. 도움을 청합니다. 반장 할머니는 어떻게 할까요?

이 책을 읽고 이렇게 이야기를 나누어보세요.

1. 이야기 알기

　1) 몹시 더운 날 밤, 아파트에 사는 사람들은 어떻게 더위를 식

히고 있나요?

2) 반장 할머니는 어떻게 달 물이 떨어지는 소리를 들을 수 있었을까요?

2. 그림 자세히 살피기

1) 아파트 창문을 통해 보이는 각 집들의 모습이 어떤지 차례로 말해보세요.

2) 본문 28~29쪽, 달은 어떻게 제 모습을 찾게 되었을까요?

3. 등장인물 되어보기

1) 반장 할머니가 아파트 베란다에서 부채를 부치며 마음속으로 무슨 말을 하고 있었을까요?

2) 동네 사람들이 반장 할머니로부터 달 샤베트를 얻어먹자 몸이 몹시 시원해지고 몸에서 빛이 나기 시작했는데 서로 쳐다보면서 무슨 말을 했을까요?

이야기를 나눌 때 이런 점을 유의하세요.

이 책의 작가가 이야기를 해석하는 데 너무 집중하지 말라고 말했지만, 이 이야기는 정말 해석이 좀 필요한 이야기인 것 같습니다. 아파트에서 사람들이 어떻게 살아가고 있었는지, 문을 꽁꽁 닫고 살면 어떤 일이 일어날 것인지, 서로 소통하며 살기 위해서는 어떻게 해야 하는지, 우리가 각종 전기장치들을 끄고 살면 어떤 일이 일어날지 등 여러 가지 문제들에 대해 추리, 추론, 해석하고 상상해보는 시간을 가지면 좋겠습니다.

book_ 47

글_ 루스 크라우스

그림_ 마르크 시몽

옮김_ 고진하

출판사_ 시공주니어

추천 연령_ 만 3~5세

주제_ 계절의 신비

모두 행복한 날

이 책은 어떤 책인가요?

하얀 눈이 소복소복 내려요. 모든 동물들이 겨울잠을 잡니다. 들쥐, 곰, 다람쥐, 마르모트가 차례로 눈을 뜹니다. 봄 냄새가 나기 때문이지요. 아주 선명한 영상을 하나 보는 듯한 느낌이 듭니다. 루스 크라우스(Ruth Krauss)가 글을 쓰고, 마르크 시몽(Marc Simont)이 그림을 그린 책입니다. 봄이 찾아온 것을 이보다 더 아름답게, 즐겁고 신명나게 그려낸 책이 또 있을까요?

봄의 시작을 알리는 어느 날, 어머니가 아이를 무릎에 앉히고 이 책을 읽어주면 참 좋겠지요. 책의 표지를 먼저 봅시다. 노란색 표지에 들쥐, 곰, 다람쥐, 또 이름도 잘 모르는 동물들이 있습니다. 이들은 모두 코를 킁킁거리고 있습니다. 왜 모두 코를 킁킁거리고 있을까요? 책장을 펼치기 시작하면 아무도 기대하지 않은 일이 벌어집니다. 겨울의 모습, 봄의 한 장면을 이토록 아름다운 시적 언어로 표현한 책은 아마 찾기 어려울 것입니다. 우리 모두 꽃냄새를 맡고 있는 듯한 착각이 드네요.

이 책의 작가는요?

이 책의 글 작가, 루스 크라우스(1901~1993)는 미국 볼티모어에서 태어났습니다. 작가는 어려서부터 병약했고, 그런 자신의 이야기를 글과 그림으로 표현하기 시작했다고 하네요. 피바디 예술학교에서 바이올린을 전공하다가 음악보다는 글쓰기에 더 재능이 있음을 발견하고, 어린이 책을 만들기 위해 뉴욕 파스 스쿨의 응용미술학과에 입학했습니다.

작가는 첫 번째 남편과 이혼하고, 어린이 책 작가인 크로켓 존슨(Crockett Johnson)과 결혼해 그림책 제작에 함께 힘을 모았다고 하네요. 작품으로는 《이만큼 컸어요!》, 《구멍은 파는 것》, 《아주아주 특별한 집》 등이 있습니다. 대부분 작품들은 아이들의 실생활에서 아이디어가 나온 것들이지만, 틀에 박힌 이야기가 아니라 새로움을 발견하게 만드는 이야기들로 탄생합니다. 그만큼 작가는 상상력이 뛰어난 사람이지요. 아이들의 자유로운 생각과 언어를 포착하여 표현해내는 데 특별한 재능이 있는 사람입니다.

이 책의 그림 작가, 마르크 시몽(1915~2013)은 프랑스 파리에서 태어났습니다. 그의 아버지 조셉 시몽(Joseph Simont)은 스페인 화가였는데, 작가는 아버지의 영향을 받아 어려서부터 그림을 그리기 시작했다고 합니다. 파리에서 그림 공부를 하고, 뉴욕 국립 디자인 학교에서 공부했습니다. 그는 뉴욕에 살면서 수많은 그림책에 그림을 그렸고, 교사, 초상화가, 빌딩 벽화가로도 활동을 했습니다. 수많은 그림책에 그림을 그렸고, 1957년 《나무는 좋다》로 칼데콧상을 받았습니다.

이 책의 줄거리는요?

하얀 눈이 소복소복 내립니다. 들쥐들이 잠을 자고 있습니다. 곰들도, 작은 달팽이들도, 다람쥐들도 모두 잠을 자고 있습니다. 그런데 들쥐가 기지개를 켜면서 눈을 뜨기 시작합니다. 곰들도, 작은 달팽이들도, 다람쥐들도 모두 눈을 뜨기 시작합니다. 코를 킁킁거리기 시작합니다. 모두 한 방향으로 바라봅니다. 이들은 모두 잠자리에서 뛰쳐나와 달리기 시작합니다. 한곳을 향해 질주합니다. 모두 멈추어 섰습니다. '와!' 하고 탄성을 지릅니다. 그리고 신나게 춤을 춥니다. 모두들 무엇을 보았기에 이토록 행복해할까요?

이 책을 읽고 이렇게 이야기를 나누어보세요.

1. 이야기 알기
   1) 들쥐, 곰, 달팽이, 다람쥐들이 잠에서 깨어나자마자 왜 코를 킁킁거렸을까요?
   2) 들쥐, 곰, 달팽이, 다람쥐들이 왜 모두 신나게 춤을 추었나요?

2. 그림 자세히 살피기
   1) 맨마지막에 모든 동물들이 본 것은 무엇일까요?

3. 등장인물 되어보기
   1) 동물들이 깨어나자마자 꽃 냄새를 맡고 드는 느낌은 어땠을까요?
   2) 꽃을 보고 춤을 출 때 동물들은 어떤 기분이었을까요?

이야기를 나눌 때 이런 점을 유의하세요.

　어른들은 물론이겠지만 아이들도 봄이 오는 소리를 듣습니다. 이 책은 아직 눈이 소복소복 쌓이는 계절이지만 벌써 봄이 성큼 다가와 있습니다. 동물들도 아이들도 봄을 즐길 준비가 되어 있습니다. 작가는 그것을 글보다 그림으로 표현합니다. 이 책은 아이들이 그림을 보면서 상상력을 동원해서 자연의 경이로움을 느끼게 하면 됩니다. 아직 날씨는 춥지만 봄에 제일 먼저 피어나는 '노란 작은 수선화' 같은 꽃이라도 보여주면서 이 책을 읽으면 좋겠지만 그냥 상상으로 공감하게 해도 좋겠습니다. 놀랍게도 아이들에게는 그런 능력이 있습니다.

book_ 48

글·그림_ 팻 허친스

옮김_ 박현철

출판사_ 시공주니어

추천 연령_ 만 3~5세

주제_ 자연의 즐김

바람이 불었어

이 책은 어떤 책인가요?

이 책은 그림이 너무 밝고 화사하며 재미있습니다. 흰 바탕에 장식 없이 깔끔한 선, 분명한 색깔, 글이 거의 없는 이 그림책은 수, 색채, 형태를 갓 깨치기 시작하는 유아들에게 잘 맞는 책입니다.

바람이 불었어, 또 불었어, 그리고 또 불었어! 재미있을 것 같지 않나요? 바람이 불면서 화이트 아저씨의 우산이 날아가고, 프리실라의 풍선이 날아가고, 연이 날아가고, 빨래도 날아가고, 손수건도 날아가고, 판사님의 가발도 날아가버렸습니다.

이 책은 별 노력 없이 이야기가 저절로 이해되는 재미있는 책입니다. 반복적 유형의 글들이 나오면서 리드미컬한 재미를 느끼게 해주는 책이지요. 그림만으로도 충분히 내용이 이해되는 책입니다. 비교적 나이가 적은 아이들도 좋아하는 책입니다. 이 책은 1975년에 출간되었고, 케이트 그린어웨이 상을 수상했습니다.

이 책의 작가는요?

이 책의 작가, 팻 허친스(Pat Hutchins, 1942~2017)는 영국 요크셔 노스 라이딩에서 일곱 아이 중 여섯 번째로 태어났습니다. 작가는 비교적 넉넉하고 화목한 대가족 집안에서 자랐다고 합니다. 그녀가 태어난 곳은 영국의 군사훈련 캠프가 있던 곳이었습니다. 어느 날 그곳에서 그녀의 어머니가 사격 훈련하는 모습을 목격하고, 기겁해 이사를 가게 되었다고 합니다. 이사한 곳은 노스 라이딩에서 8킬로미터 정도 떨어진 숲속이었지요. 작가는 그곳에서 각종 동물과 새, 식물들과 더불어 자연 친화적인 삶을 살았다고 합니다.

그녀는 대학에서 일러스트레이션을 공부했으며, 졸업하고 광고 회사에서 잠깐 일을 하게 됩니다. 1966년에는 삽화가 로렌스 허친스(Laurence Hutchins)를 만나 결혼하고 뉴욕으로 이사를 가지요. 그곳에서 처음으로 그림책을 쓰게 되었고, 그것이 바로 그 유명한 《로지의 산책》이란 책입니다. 그 이후 《자꾸자꾸 초인종이 울리네》, 《티치》, 《생일 축하해, 샘!》 등의 작품을 만들면서 세계적인 작가가 됩니다. 1975년, 《바람이 불었어》로 케이트 그린어웨이 상을 받았습니다.

이 책의 줄거리는요?

이야기는 간단합니다. "바람이 불었어"라는 간단한 말로 시작합니다. 그리고 화이트 씨의 우산이 확 뒤집혀 날아가버렸다고 말합니다. 글은 이처럼 "바람이 불었어"라고 말하고, 한 가지씩 무엇인가 계속해서 날아가버렸다고 말합니다. 그림은 그다음에 날아갈

대상을 그려놓습니다. 바람은 계속 불었고, 프리실라의 풍선이 날아갔고, 모자도 날아갔고, 연이 날아갔고, 널어놓은 빨래도 날아갔고, 코를 닦던 손수건도 날아갔고, 판사님의 가발도 날아갔고, 우체부 아저씨의 손에 있던 편지들도 날아갔습니다. 바람은 더 세차게 불었고, 그 모든 것들이 깃발 속으로 휩쓸려 들어갔습니다. 그러다가 바람은 그 모든 것들을 마구 뒤섞어놓더니 아래로 내동댕이쳤습니다. 바람은 바다로 바다로 불어가버렸습니다.

이 책을 읽고 이렇게 이야기를 나누어보세요.

1. 이야기 알기

   1) 바람이 불어 무슨 일이 일어났나요?

   2) 마지막에는 어떻게 되었나요?

2. 그림 자세히 살피기

   1) 각 그림들을 보면서 다음에 무엇이 날아갈지 말해봅시다.

   2) 바람이 어디에서 어디로 불어가고 있나요?

3. 등장인물 되어보기

   1) 눈을 감고 바람이 부는 풍경을 생각해보세요. 하늘 모양, 나무 모양, 사람들의 옷 모양 등등 우리가 흔히 볼 수 있는 바람이 부는 풍경을 자세히 말해봅시다.

   2) 입고 있던 예쁜 옷도 날아가버렸어요. 어떻게 할까요?

이야기를 나눌 때 이런 점을 유의하세요.

이 책은 특별한 메시지나 교훈을 지니지 않았습니다. 그냥 바람이 불었고, 물건들이 한 가지씩 바람에 날려가버렸다가 종국에는 모든 것들이 땅 위에 내동댕이쳐지고 바람은 바다로 불어가버렸다는 이야기입니다. 그냥 바람을 상상하고 즐기면 됩니다. 바람이 불 때의 풍경을 상상하고, 바람이 살갗에 닿을 때의 느낌을 즐기고, 바람이 약하게 불거나 세게 불 때 일어나는 여러 가지 것들에 관해 그저 상상하고 즐기면 됩니다. 눈을 감고 바람이 약하게 혹은 세게 불 때의 풍경을 떠올리고, 그 느낌을 말로 표현해보는 정도의 대화를 나누면 충분합니다.

book_ 49
글·그림_ 브루노 무나리
옮김_ 이상희
출판사_ 비룡소
추천 연령_ 만 3~5세
주제_ 동물 사랑

브루노 무나리의 동물원

이 책은 어떤 책인가요?

우리가 쉽게 볼 수 있는 정형적인 책들과는 좀 다른 특별한 책입니다. 이 책에는 주인공이 없습니다. 이 책을 보는 독자가 바로 주인공입니다. 그리고 주인공이 이야기를 만들어가야 합니다. 독자가 주인공이 되어 그림책 속 세상을 경험하고 느끼고, 그것을 이야기하는 책입니다.

한 권의 책이 한 곳의 동물원으로 거듭난 것입니다. 독자는 동물원에 가서 가보고 싶은 곳을 가보고, 동물들이 무슨 말을 하는지, 어떤 표정을 짓고 있는지, 주인공인 내가 무엇을 느끼고 있는지 이야기하면 됩니다. 어디를 먼저 가야 하는지, 한자리에 얼마나 오래 머물 것인지 정해진 것이 없습니다. 그저 발이 가는 대로, 마음이 가는 대로 가서 머물면서 보고 느끼면 됩니다. 그러다가 마음에 들지 않은 페이지가 있다면 그것은 빼버려도 괜찮습니다. 그리고 출구를 따라 나오면 됩니다.

이 책은 브루노 무나리의 그림책 중 국내에 처음으로 소개되었으며, 앵무새, 코끼리, 플라밍고 등 21종의 동물들을 힘차고 개성 있게 그렸습니다. 세계적인 그림책 작가 에릭 칼(Eric Carle)이 가장 좋아하는 그림책이라고 합니다.

이 책의 작가는요?

이 책의 작가, 브루노 무나리(Bruno Munari, 1907~1998)는 예술가이자, 디자이너이자, 저술가이자, 교육자이자, 그림책 작가입니다. 이탈리아 밀라노에서 태어났습니다. 베네토 지방에 있는 작은 마을 바디아 플레지네로에서 유년기를 보냈는데, 그곳은 물과 인접한 갯벌 지역이어서 갈대를 벗삼아 놀았다고 합니다. 그 경험들이 그에게 예술가로 살아가는 데 큰 영감을 주었다고 합니다.

1927년 밀라노에서 개최된 '미래파 화가 33인전'에 작품을 출품한 이래, 1930년 모빌 작품인 '나는 기계' 연작 시리즈 등을 발표하면서 그의 존재를 세상에 알리기 시작했습니다. 1930년~1937년에는 리카르도 리카스와 공동으로 스튜디오 R+M을 설립해 유명 잡지들의 편집과 출판, 주류 회사 캄파리의 광고와 홍보를 담당하고 디자인하는 등 그래픽 분야에서도 활발히 활동했습니다.

작가는 저술 활동에도 열정을 보였는데 1966년 《예술로서의 디자인》, 1968년 하버드대 강의 내용을 정리한 《디자인과 시각 커뮤니케이션》을 출간했습니다. 1977년 밀라노 브레라 미술관에서 어린이를 위한 워크숍을 기획하고 개최하는 등 아이들의 미술교육에도 깊은 관심을 보였습니다.

그는 특히 노년에 그림책 제작에 몰두했습니다. 작가는 책은 단순한 종이 묶음이 아니라 세상을 향한 '문'이라는 생각으로 아이들이 책을 펼치고 들어가면 새로운 세계를 경험할 수 있도록 애썼다고 합니다. 아이들이 책 속에서 놀고, 시각적 커뮤니케이션을 하라는 뜻입니다.

이 책의 줄거리는요?

이 책은 주인공도 없고, 이야기도 없고, 줄거리도 없습니다. 누가, 왜, 어떻게, 무슨 행동을 했는지 설명이 없습니다. 다만 동물원이 있을 따름입니다. 동물원에 들어가기 전에 몇 가지 주의해야 할 사항들을 글로 써놓았고, 동물원을 돌아다니기 편하도록 이정표만 그려놓았습니다. 21종의 동물들이 개성 있는 표정을 하고 독자를 기다리고 있습니다. 독자는 각 동물을 바라보며 느끼는 대로 이야기를 만들어가면 됩니다. 그리고 출구를 찾으면 됩니다.

이 책을 읽고 이렇게 대화해보세요.

1. 이야기 알기
   1) 책장을 열면서, "자! 동물원으로 구경 갑시다. 만나는 동물마다 반갑게 인사를 해봐요. 그리고 하고 싶은 말을 해봐요"라고 제안해보세요.

2. 그림 자세히 살피기
   1) 모든 쪽에 다 나오는데, 본문 24쪽에만 안 나오는 것은 무엇일까요?
   2) 책 표지에서 철조망은 왜 뚫려 있을까요?

3. 등장인물 되어보기

　1) 쇠창살 너머 사자는 지금 어떤 기분일까요?

이야기를 나눌 때 이런 점을 유의하세요.

　이 책은 페이지를 넘길 때마다 동물원에 있는 동물을 구경하듯이 즐기면 됩니다. 스토리의 기승전결도 없고, 인과관계를 따질 필요도 없습니다. 페이지를 넘기고 자유롭게 상상하고, 그것을 언어로 표현하면 됩니다. 그림을 자세히 보면서 그림을 충분히 느끼고 즐기면 됩니다. 이야기를 이해하기 위해 질문할 필요도 없습니다. 아이가 자유롭게 책장을 넘기면서 만나게 되는 동물들에게 말을 걸어보는 것도 한 방법입니다. 책을 읽는 아이 스스로 모든 것을 판단하고 참여해, 이야기를 구성하고 상상력을 펼치면 됩니다.

book_ 50

글·그림_ 로버트 맥클로스키

옮김_ 이수연

출판사_ 시공주니어

추천 연령_ 만 3~5세

주제_ 부모의 마음

아기 오리들한테 길을 비켜 주세요

이 책은 어떤 책인가요?

저는 개인적으로 그림책은 유아들보다 초등학교 고학년 학생들이 더 많이 읽었으면 좋겠다는 생각을 합니다. 그림책은 주로 유아들이 읽어야 한다고 생각하는데 주요 독자는 부모와 유아 모두입니다. 다시 말하면, 그림책의 독자는 연령 제한이 없다는 뜻입니다. 이 책은 4~8세 아이들에게 권장되는 책이지만 그보다 더 어린 아이들도 이 책을 즐길 수 있다고 합니다.

정말 가슴 찡한 이야기입니다. 1941년에 출판되었고요, 세대를 거듭해도 많은 사람들이 아주 좋아하는 책입니다. 색깔도 화려하지 않습니다. 책의 본문은 모두 갈색 톤으로 되어 있습니다. 그렇지만 그림이 아주 예쁘고, 보스턴의 찰스강을 다양한 시점에서 묘사해놓았습니다. 마치 한 편의 영화를 보는 것 같습니다. 칼데콧상을 받은 책입니다.

말라드 씨와 말라드 부인은 오리 부부입니다. 두 오리는 둥지를 틀 곳을 찾아다니고 있습니다. 여덟 마리의 아기 오리들이 안전하게 먹고 살 수 있는 공간을 찾기 위해서입니다. 아기들이 안전하게 살 수 있는 자리를 찾기 위해 별별 궁리를 다해보고, 위험 요소들을 다 생각해봅니다.

안전하게 살 수 있는 공간을 찾고, 계속해서 먹을거리를 구하는 것이 절대 쉬운 일이 아닙니다. 살 곳을 마련하기까지 각종 위험이 도사리고 있고, 먹이를 구하는 일은 또 얼마나 힘겨운지요. 어린 독자들이 부모의 머릿속은 온통 새끼 생각밖에 없다는 것을 이해하기는 결코 쉽지 않습니다. 자식들을 먹이고 공부시키는 것이 힘겨워 늘 가슴 아파하는 부모들이 이 땅에 얼마나 많이 계실까요? 이것을 아는 자식들이 얼마나 될까요? 이 책은 이런 '어미의 마음'과 '자식의 마음'에 대해 한 번쯤 생각해보게 만듭니다.

이 책의 작가는요?

이 책의 작가, 로버트 맥클로스키(Robert McCloskey, 1914~2003)는 미국 오하이오주 해밀턴에서 태어났습니다. 보스턴에 있는 베스퍼 조지 예술학교와 뉴욕 국립디자인 학교에서 공부했습니다. 미국적인 정서를 가장 잘 표현하는 작가 중 하나로 평가받고 있으며, 주로 흑백 그림을 즐겨 그립니다. 그는 총 8권의 그림책에 글과 그림을 썼고, 10여 권의 책에 그림을 그렸습니다. 그중 두 번이나 칼데콧 상을 수상했고, 칼데콧 명예 상도 네 번이나 받았습니다.

작가는 그림을 먼저 그리고 이후에 글감이 머릿속에 떠오른다고 합니다. 이 책도 그런 경우라고 합니다. 그는 음악을 매우 좋아하는 사람이고, 각종 악기들, 피아노, 하모니카, 드럼, 오보에 등을 즐겨 연주했습니다. 그러나 음악보다는 그림이 더 좋았다고 합니다. 다른 작품들로는 《어느 날 아침》, 《기적의 시간》 등이 번역 출간되어 있습니다.

이 책의 줄거리는요?

오리 부부인 말라드 씨와 말라드 부인은 둥지를 틀 곳을 찾아다니고 있습니다. 앞으로 태어날 아기 오리들이 안전하게 먹고 살 수 있는 공간을 찾아야 합니다. 말라드 씨가 찾아낸 어떤 공간은 숲속에 여우가 살고 있고, 물속에 거북이가 살고 있었습니다. 아이들을 그런 곳에서 키울 수는 없지요. 그래서 오리 부부는 날고, 또 날아 새로 둥지 틀 곳을 찾아다닙니다. 어떤 곳은 먹거리가 충분하지 않고, 어떤 곳은 아이들이 자전거를 씽씽 타고 다녀서 위험합니다. 찰스 강가에 적당한 자리를 발견했습니다. 찰스강을 유람하는 사람들이 먹을 것을 던져주어 먹거리도 쉽게 구할 수 있을 것 같았습니다.

그런데 말라드 부인이 여덟 개의 알을 낳았습니다. 알이 부화하고, 여덟 마리의 아기 오리들이 더 안전하게 살 수 있는 곳으로 옮겨가야 했지요. 말라드 씨는 여덟 마리의 오리들이 잘 자랄 수 있는 주변의 더 나은 자리를 물색하러 나갑니다. 그사이 엄마 오리는 아기 오리들에게 헤엄치는 법, 잠수하는 법, 한 줄로 엄마를 따라오는 법, 자전거와 스쿠터와 바퀴 달린 수레를 피하는 방법을 가르쳐주었습니다. 이제 모두 함께 이사를 갑니다. 엄마 오리와 아기 오리들은 강 건너 큰길을 건너야 했습니다. 모두 뒤뚱뒤뚱, 함께 줄을 맞추어 걸어갑니다. 큰길을 건너는 것은 그리 쉽지 않았습니다. 자동차들이 빵빵 경적을 울려댔고, 오리들은 놀라서 꽥꽥 소리를 질러댔습니다.

자동차들의 경적 소리와 오리들이 꽥꽥 지르는 소리에 놀라 마이클 경찰 아저씨가 달려옵니다. 다른 경찰들까지 불러 함께 아기 오리들이 무사히 길을 건널 수 있도록 도와줍니다. 사람들은 모두 신기해하면서 오리 가족들을 지켜봅니다. 오리 가족은 새 보금자리에서 안전하게 지낼 수 있게 되었습니다.

이 책을 읽고 이렇게 이야기를 나누어보세요.

1. 이야기 알기
   1) 엄마 오리와 아빠 오리는 어떤 보금자리를 찾아 날아다녔나요?
   2) 보금자리를 찾기는 쉬웠나요?
2. 그림 자세히 살피기
   1) 본문 16쪽, 오리들은 왜 '꽤애액!' 소리를 질렀나요?
   2) 본문 56~57쪽, 사람들은 차에서 내려 아기 오리들한테 무슨 말을 했을까요?
3. 등장인물 되어보기
   1) 엄마 오리와 아기 오리들이 함께 줄 맞추어 길을 건널 때 엄마 오리는 어떤 마음이었을까요?
   2) 새 보금자리에서 모두 함께 살게 되었을 때 아기 오리들은 어떤 마음이었을까요?

이야기를 나눌 때 이런 점을 유의하세요.

이 책은 매우 즐겁고 유쾌한 그림책 중 하나입니다. 특히 부모님들이 소리 내어 읽어주기에 참 좋은 책입니다. 이런 책은 한 권쯤 소장하면 참 좋겠지요. 그림책에는 시점과 화자가 있습니다. 시점은 누가 보느냐의 문제이고, 화자는 누가 말하느냐의 문제입니다. 대개의 그림책들은 시점과 화자가 고정되어 있습니다. 그런데 이 책은 오리 가족의 움직임에 따라 시점을 달리하며 보스턴의 아름다운 강 풍경을 잘 보여주고 있습니다. 위에서 아래로 내려다보는 풍경, 오리들이 움직이는 장면을 옆에서 보는 장면, 마이클 경찰관 아저씨의 시각에서 오리들을 내려다보는 장면들이 모두 다른 느낌을 줍니다. 그림책을 읽는 아이와 부모가 함께 아름다운 영화 한 편을 보는 느낌으로 그림책의 장면 장면을 즐길 수 있으면 좋겠습니다.

book_ 51

글·그림_ 존 버닝햄

옮김_ 박상희

출판사_ 비룡소

추천 연령_ 만 3~5세

주제_ 환상 여행, 환경보호

야, 우리 기차에서 내려!

이 책은 어떤 책인가요?

이 책은 '꿈'을 통해 환상 여행을 떠나는 이야기입니다. 꿈을 통해 환상의 세계로 가지만, 환상 여행은 주인공의 방에서 시작되고 끝이 납니다. 즉 현실에서 환상으로, 환상에서 현실로 돌아오는 구조로 이야기가 전개되지요.

기차놀이를 좋아하는 아이는 꿈속에서 장난감 기차가 아닌 진짜 기차 여행을 떠납니다. 기차 여행을 하면서 아이는 도중에 여러 동물들을 태우게 됩니다. 그리고 함께 재미있는 놀이를 하지요. 평소에 아이가 하고 싶었던 유령 놀이, 물놀이, 연날리기, 비 오는 날 우산 쓰고 걷기, 눈싸움 등 다양한 놀이를 하면서 즐거운 기차 여행을 합니다. 평소에 하고 싶었던 놀이이지요.

존 버닝햄의 그림책에 등장하는 아이들은 다양한 놀이를 즐길 뿐 아니라 동물들과 모험을 즐깁니다. 이 동물들은 아이의 친구들이지요. 《검피 아저씨의 뱃놀이》와 《검피 아저씨의 드라이브》에서도 많은 동물들이 배와 차에 타고 즐겁고 행복한 시간을 함께 보냅니다. 놀이는 오감으로 느끼는 즐거움이며 정신적, 신체적 발달에 많은 도움을 주지요. 이런 책을 읽으면서 아이들 역시 현실에서 경험하지 못했던 놀이를 대리 체험하면서 재미와 즐거움을 느끼게 됩니다. 이처럼 환상의 세계는 아이들에게 즐거운 공간이며 욕구 해소의 공간입니다. 아이들에게 현실과 환상의 세계는 완전 분리되는 것이 아니라 현실과 환상을 오가며 현실에서의 불안을 극복하고, 욕구를 충족합니다. 그러면서 아이들은 바르고 건강하게 성장해가지요.

이 책은 또 아이가 하고 싶었던 놀이를 마음껏 즐기는 욕구 해소의 내용이기도 하지만, 환경 문제에 대해 생각해볼 수 있는 책이기도 합니다. 작가는 사람들이 무분별하게 동물들을 죽이고, 숲과 늪을 없애버려 동물들이 살아갈 터가 사라지고 있음을 경고하고 있습니다. 그 어떤 측면에서건 아이들에게 충분히 가치 있는 책인 것 같습니다.

이 책의 작가는요?

이 책의 작가, 존 버닝햄(1936~2019)은 영국의 3대 그림책 작가 중 한 분입니다. 어린 시절부터 학교 친구들하고 잘 어울리지 못해 자주 혼자만의 세계에 빠지곤 했으며, 청년 시절에는 양심 병역 거부자로 등록해 병역 대체 근무를 하였다고 합니다. 진보적 사고를 지닌 부모 밑에서 자랐으며, 아버지의 직업 때문에 이사를 자주 다니며 학교도 자주 옮겨 다녔다고 합니다. 엄마의 영향으로 자연과 더불어 사는 삶을 살며 그림 그리기를 좋아했다고 합니다. 본격적인 미술 공부는 런던 센트럴 아트스쿨에서 시작했다고 합니다.

첫 번째 그림책 《깃털 없는 기러기 보르카》로 1963년 케이트 그린어웨이 상을, 1970년에는 《검피 아저씨의 뱃놀이》로 케이트 그린어웨이 상을 수상했습니다. 그는 단순한 그림과 간결한 말로 그림책을 구성하며, 자유로운 놀이의 세계를 환상적 이야기로 잘 꾸며냅니다. 작품들의 내용은 어른들의 권위적 모습과 소통의 부재, 놀이를 통한 욕구 해소, 환상의 세계에서의 모험 등 아이의 욕구 결핍을 해소하기 위한 환상적 이야기가 많습니다.

이 책의 줄거리는요?

어느 날 밤, 주인공은 장난감을 가지고 놉니다. 어느 가정이나 마찬가지로 엄마에게 빨리 자라고 야단을 맞습니다. 아이는 강아지 잠옷을 가지고 잠이 듭니다. 잠이 든 아이는 강아지와 함께 기차 여행을 합니다. 안개 속에서 헤매는 듯한 멋있는 기차 여행입니다. 유령 놀이, 물놀이, 연날리기, 비 오는 날 우산 쓰고 걷기, 눈싸움 등 다양한 놀이를 하면서 즐거운 기차 여행을 합니다. 평소에 하고 싶었던 놀이지요. 각종 놀이를 하면서 쉬었다 가기도 합니다. 한 번씩 쉴 때마다 여러 동물 친구들이 기차에 올라탑니다.

동물들이 기차에 올라탄 모습들을 보고 처음에는 "야, 우리 기차에서 내려!"라는 말을 합니다. 그러나 동물들은 차례로 사정을 합니다. "사람들이 내 상아를 잘라가려고 해.", "사람들이 물을 더럽히고, 물고기를 너무 많이 잡아가.", "사람들이 물을 다 퍼버렸어." 등등 인간이 저지른 일들을 고발하면서 기차에 태워달라고 부탁하고 주인공은 사정을 듣고 부탁을 들어줍니다.

아침이 되었고 엄마가 깨웁니다. 그리고 집안 곳곳에 동물들이 있다고 말합니다. 어디까지 환상이고 어디까지가 현실인지 잘 구분이 되지 않습니다. 환상과 현실이 교차되고, 그 경계가 불분명합니다. 그림이 아주 멋지게 그려져 있습니다.

이 책을 읽고 이렇게 이야기를 나누어보세요.

1. 이야기 알기
    1) 주인공이 잠자기 전 기차놀이를 하면서 하고 싶었던 놀이는 어떤 것이었을까요?
    2) 주인공이 꿈속에서 기차를 타고 어떻게 놀았는지 자세히 한 번 말해봅시다.

2. 그림 자세히 살피기
    1) 본문 6쪽, 기차를 처음부터 같이 타고 간 친구는 누구일까요? 왜 그렇게 생각하나요?
    2) 본문 10~11쪽, 유령 놀이를 어떻게 했을까요?

3. 등장인물 되어보기
    1) 주인공이 코끼리와 함께 헤엄을 치고 놀 때 기분이 어땠을까요?
    2) 호랑이가 와서 기차를 태워달라고 했을 때 주인공은 왜 망설였을까요?

이야기를 나눌 때 이런 점을 유의하세요.

 이 책에서 공간은 무채색의 공간과 색의 공간으로 구분됩니다. 무채색의 공간은 빈 공간이면서 채워진 공간이기도 하지요. 작가는 공간에 색의 대비를 주어 아이들의 심리 상태를 보여주고 있습니다. 색의 대비를 통해 현실과 환상을 대비시키기도 하고, 현실과 환상을 섞어놓기도 합니다. 환상 속에서도 특히 아이의 상상적 놀이가 펼쳐지는 공간은 주로 화려한 색을 사용해, 현실에서 아이가 원하는 욕망이 채워지고 해소되는 공간임을 강조하고 있지요.

 이 책을 읽을 때 무채색의 공간과 색의 공간을 구분하여 색의 공간을 놀이 공간으로, 욕구 해소의 공간으로, 행복한 공간으로 즐기게 하는 것도 한 방법입니다. 예를 들면, 무채색의 공간에서는 부모나 교사가 차분히 읽어주고, 색의 공간에서는 그림에서 보여주듯이 아이들이 몸을 움직이며, 소리를 내어 떠들썩하게 놀아보게 하는 것도 좋습니다. 기차가 달리는 풍경을 눈을 감고 즐기기도 하고, 동물 친구들과 함께 떠들썩하게 노는 장면들을 연상하면서 한번 흉내를 내보는 것도 좋습니다. 곧 다음 순서의 이야기에 집중하게 하는 것도 책 읽기의 즐거움을 더하는 방법 중 하나가 될 것입니다.

book_ 52

글·그림_ 고혜진

출판사_ 달그림

추천 연령_ 만 3~5세

주제_ 행복 찾기

행복한 여우

이 책은 어떤 책인가요?

여러분은 모두 행복하십니까? 얼마나 많이, 얼마나 자주 행복하신가요? 우리는 모두 행복해질 권리가 있습니다. 행복은 우리가 추구해야 할 매우 중요한 가치입니다. 이 책은 행복에 대해 많은 것을 말하고 있습니다. 행복은 주어진 것이 아니라 매 순간 이루고 가꾸어가야 하며, 스스로 느껴야 하는 거라고 말이지요. 요즘 '소확행'이라는 말이 유행하고 있습니다. 소소하지만 확실한 행복을 추구하며 살아가야 한다는 뜻이지요? 행복을 연구하는 사람들은 큰 행복을 한 번 느끼고 마는 것보다 작은 행복을 자주 느끼는 게 더 중요하다고 말합니다.

붉은 여우가 흰 여우가 되기까지 겪게 되는 주인공의 내면세계를 작가는 매우 섬세하게 그려내고 있습니다. 세밀화로 그려진 여우의 모습을 색을 절제하여 아름답게 표현하고 있습니다. 그래서인지 여우의 내면세계가 더욱 밀도 있게 느껴지는 것 같습니다.

우리는 살면서 행복할 때도 있고, 불행할 때도 있습니다. 불행을 참고 견디면 행복이 저절로 찾아오는 것이 아니라 우리 스스로 주체가 되어 행복을 찾아야 할 것 같습니다. 그런데, 이 책에서는 행복은 자신이 주체가 되어야 하지만 혼자 힘만으로 찾아지는 것이 아니라 다른 사람과의 관계를 통해 찾아진다고 하네요. 나비를 쫓아가고, 새의 소리를 귀담아 듣는 과정이 필요한 것 같습니다.

이 책의 작가는요?

이 책의 작가, 고혜진은 서울에서 태어났고, 대학에서 시각디자인을 공부했습니다. 작가는 주로 자연과 동물에 관한 소소한 일상의 이야기들을 많이 하고 있습니다. 그의 작품들은 대부분 큰 감동과 생각거리를 던져주는 이야기들이 많습니다. 이야기의 모티브는 주로 자신의 어릴 적 경험에서 얻는다고 합니다. 그래서인지 작가의 작품들은 대부분 매우 친밀감이 느껴지고, 이해하기 쉽습니다. 그러면서도 강렬한 메시지가 있습니다.

그의 작품들로는 《집으로》, 《코를 킁킁, 눈이 번쩍》, 《오리 가족 이사하는 날》, 《내가 그려 줄게》, 《곰 아저씨의 선물》, 《어느 여름날》 등이 있습니다. 2015년에는 《행복한 여우》로 한국 안데르센 상 창작 동화 은상을 수상했고, 2016년에는 《집으로》로 볼로냐 국제 아동도서전에서 올해의 일러스트레이터로 선정되었습니다. 2017년에는 국제 나미 콩쿠르에 입선했습니다.

이 책의 줄거리는요?

붉은 여우는 행복한 여우입니다. 자신의 붉은 털이 매우 아름답고 자랑스럽습니다. "이 숲에 나만큼 아름다운 여우는 없을거야"라고 말하며 행복해합니다. 때로 자신의 털이 더욱 빛나도록 가꾸고, 시간이 나면 산책을 합니다. 그러고도 시간이 나면 꽃밭을 가꿉니다. 어느 날 붉은 여우는 자신의 몸에 희끗희끗 하얀 털이 난 것을 봅니다. 여우는 하얀 털을 누가 보기 전에 얼른 뽑아버립니다. 그런데 듬성듬성 보이던 털이 점점 많아지기 시작합니다. 아무리 뽑아도 소용없습니다. 고민에 빠진 여우는 붉은 열매를 따서 자기 몸을 물들여보기도 하고, 빨간 꽃으로 자신의 몸을 가려보기도 합니다. 소용없습니다. 여우는 그런 자신을 누가 볼까 두려웠습니다. 누구를 만나도 반갑지 않습니다. 여우는 더 이상 꽃밭을 가꾸지도, 산책을 하지도, 자신의 털을 다듬지도 않습니다. 동굴 속으로 들어가 아무도 만나지 않겠다고 다짐합니다.

긴 겨울이 지나고 동굴 안으로 한 줄기 햇살이 비췄어요. 나비 한 마리가 들어왔어요. 여우는 나비를 따라 동굴 밖으로 나갑니다. 어디선가 "이렇게 눈부시도록 하얀 여우는 처음 보았어. 정말 아름다워"라는 새소리가 들립니다. 주위에는 아무도 없습니다. 여우는 강물에 비친 자신의 모습을 살펴보고 다시 행복감을 느낍니다. 다시 산책을 하고, 자신의 꽃밭을 가꿉니다. 여우는 "이 숲에 나만큼 꽃과 나무를 잘 가꾸는 여우는 없을 거야!"라고 말하며 행복해합니다.

이 책을 읽고 이렇게 이야기를 나누어보세요.

1. 이야기 알기

1) 붉은 여우는 자신의 몸에 하얀 털이 많이 나자 어떻게 행동했나요?
  2) 여우가 붉은 털을 가졌을 때와 하얀 털을 가졌을 때 한 말이 어떻게 다른지 말해보세요.
 2. 그림 자세히 살피기
  1) 본문 19쪽, 여우는 캄캄한 동굴 속에서 무엇을 했을까요?
  2) 본문 26쪽, 여우가 동굴 밖으로 나왔을 때 느낌이 어땠을까요?
 3. 등장인물 되어보기
  1) 여우가 동굴 속으로 들어갈 때의 기분을 말로 표현해보고, 행동으로 흉내 내어 보세요.
  2) 산새들이 여우의 꽃밭을 보러 왔을 때 여우는 어떤 기분이었을까요?

이야기를 나눌 때 이런 점을 유의하세요.

행복은 우리가 의미 있는 삶을 살 수 있는 아주 중요한 전제입니다. 행복할 수 없으면 의미 있는 삶을 살기 어렵습니다. 반대로, 의미 있는 삶을 살면 행복해지기도 하지만 말입니다. 인간은 누구나 자신의 삶이 윤택할 수 있도록 행복해질 권리가 있습니다. 요즘 학교 교육에서는 아이들이 행복하게 살아갈 수 있도록 행복 교육을 직접적이고 명시적으로 가르쳐야 한다고 주장하는 사람이 많습니다. 그렇다면, 행복 교육을 어떻게 실천할 수 있을까요? 행복이 무엇이며 어디에 있는지에 대해 어떻게 정의를 내리고 교육할 수 있을까요? 참 어려운 문제입니다. 행복은 논리적 사유나 과학적 탐구로 쉽게 설명될 수 있는 것이 아니기 때문이지요. 이럴 때 이런 책을 가지고 서로의 생각을 나누어보면 어떨까요? 그 어떤 해석도 옳고 그른 것이 없습니다. 자유롭게 말하고, 서로 대화를 나누면 될 것 같습니다. 이 책은 바로 이런 대화를 심도 있게 나누기에 좋은 자료가 될 것 같습니다.

book_ 53

글·그림_ 사토 와키코

옮김_ 박숙경

출판사_ 한림출판사

추천 연령_ 만 3~5세

주제_ 자연의 경이로움

화가 난 수박 씨앗

이 책은 어떤 책인가요?

다들 수박 좋아하시지요? 수박을 한 통 사와서 '쩍!' 갈라 온 가족이 둘러앉아 맛있게 한 번 먹어보면 어떨까요? 온 가족이 먹고 즐길 수 있는 수박 한 통이 되기까지 그 과정이 그리 시시한 일인가요? 까만 씨앗이 땅에 묻혀 싹을 내고, 열매를 맺기까지의 과정은 그저 그렇고 그런 일상사가 아니라 바로 기적입니다. 이것을 시시한 일이라고 하면 수박 씨앗은 아마 매우 화를 낼 것입니다.

호호 할머니가 까만 수박 씨앗을 심습니다. 수박이 잘 자라게 해 달라고 기도하면서요. 이것을 고양이가 봅니다. 고양이는 중요한 걸 숨긴 줄로 생각하고, 몰래 땅을 파봅니다. 시시하게 까만 씨앗이라면서 도로 묻습니다. 차례로 강아지, 토끼, 여우도 똑같은 짓을 합니다.

사토 와키코 작가의 자연을 바라보는 눈과 상상력이 어우러진 멋진 책이지요. 오늘 읽은 이 책이 먼 훗날 아이들의 머릿속에 생생한 기억으로 살아남아 아이들이 자연을 이해하고, 우주를 이해하는 생각의 틀로 작용할 것입니다. 그렇다면 어찌 이런 책 읽기를 소홀히 할 수 있을까요? 책 한 권에 담긴 사토 와키코 작가의 영혼을 만날 수 있는 좋은 책입니다. 평범한 수박 씨앗이 할머니의 호통을 듣고 쑥쑥 자라나 마침내 온 집 안을 수박 넝쿨로 다 덮는다는 유쾌한 상상력을 담고 있습니다.

이 책의 작가는요?

이 책의 작가, 사토 와키코(佐藤 わき子, 1937~)는 우리나라 사람들에게 잘 알려진 일본 작가입니다. 여든이 넘은 지금도 일본 나가노 현에 있는 '작은 그림책 미술관'을 운영하며 작품 활동을 하고 있습니다. 미술관을 찾아오는 사람들을 기꺼이 만나 자신의 어린 시절 이야기와 자신의 작품 활동에 대해 친절하게 설명해주시는 분이지요.

일본 도쿄에서 태어나 고등학교를 졸업한 후 디자이너로 일했다고 합니다. 작가 지망생이었고, 자연을 좋아하고 시를 좋아하셨던 아버지로부터 영향을 많이 받았다고 합니다. 작가는 어려서부터 시 쓰기와 그림 그리기를 좋아했습니다. 대부분 그림책들은 본인이 직접 글을 쓰고, 그림을 그렸습니다.

중학교 때 아버지가 돌아가시고 어머니가 생계를 꾸려가셨는데, 매우 씩씩하게 억척같이 살아가시던 모습이 각인되어 작가의 작품 모델이 되고 있다고 합니다. '도깨비를 빨아 버린 우리 엄마' 시리즈나 '호호 할머니' 시리즈가 바로 그렇습니다. 그녀의 다른 작품들로는 《알이 사라졌어요》, 《비 오는 건 싫어!》, 《어디로 소풍 갈까?》,《씽씽 달려라 침대썰매》 등 많은 작품들이 있습니다. 대부분 책들이 우리나라에 번역 출간되었습니다.

이 책의 줄거리는요?

호호 할머니가 까만 수박 씨앗을 땅에 심습니다. 수박이 잘 자라게 해달라고 기도하면서 말입니다. 이것을 고양이가 봅니다. 무엇인가 중요한 것을 숨긴 줄로 생각하고, 할머니 몰래 땅을 파봅니다. "쳇 시시하게 까만 씨앗이잖아." 하고 도로 묻습니다. 차례로 강아지, 토끼, 여우도 똑같은 짓을 합니다. 마지막에 할머니가 여우가 하는 짓을 봅니다. 할머니도 땅을 파봅니다. 아까 자기가 심었던 까만 수박 씨앗입니다.

이때 수박 씨앗이 화를 버럭 냅니다. "이제 그만 좀 해. 시시하다느니, 별 볼일 없다느니 그런 소리 그만 좀 해"라고 말입니다. 자기는 이제 더 이상 싹이고 뭐고 아무것도 하지 않겠다고 말합니다.

이때 호호 할머니의 반응이 압권입니다. "네가 지금 싹을 틔우네 마네 그런 소리를 할 때냐? 네가 꾸물거리니까 일이 이렇게 된 거 아냐." 하며 호통을 칩니다. 화가 난 수박 씨앗이 "정말 화가 나서 못 살겠네." 하면서 불쑥 싹을 틔웁니다. 불쑥 돋아난 싹은 마구마구 자랐습니다. 정원을 가득 채웠습니다. 맛있게 익은 수박이 호호 할머니 앞에 놓여 있습니다.

이 책을 읽고 이렇게 이야기를 나누어보세요.

1. 이야기 알기

1) 수박 씨앗은 왜 화가 났을까요?

2) 땅을 파 본 동물 친구들은 까만 수박 씨앗을 보고 무슨 생각을 했을까요?

2. 그림 자세히 살피기

1) 본문 17~20쪽, 일단 싹을 틔운 수박 씨앗은 어떻게 되었나요?

2) 본문 25쪽, 수박이 얼마나 많이 열렸을까요?

3. 등장인물 되어보기

1) 수박 씨앗이 싹을 틔우고 수박 나무가 무성하게 자라기 시작할 때 호호 할머니의 기분은 어땠을까요?

이야기를 나눌 때 이런 점을 유의하세요.

씨앗을 심고, 싹이 나고, 나무가 자라고, 열매를 맺는 과정에 대해 도시 아이들도 한 번쯤 생각해보면 좋겠습니다. 이 과정들이 그냥 저절로 이루어지는 것이 아니라 심고, 가꾸고, 기다리고, 햇빛과 바람과 비가 더해져서 일어나는 기적이라는 사실을 마음에 새기면 좋겠습니다. 이 재미있는 이야기를 통해 자연의 섭리와 그 속에서 살아가는 인간들의 마음 자세에 대해 한 번쯤 깊이 있게 이야기를 나누어보시면 어떨까요?

누리과정에 기초한 그림책 읽기 지도 안내서_1권
101권의 그림책, 제대로 재밌게 읽자!

초판 1쇄 2022년 2월 17일
글쓴이 이차숙 | 펴낸이 황정임 초록서재 (도서출판 노란돼지)
경기도 파주시 문발로 115(파주출판문화정보산업단지), 307 (우)10881
전화 (031)942-5379 | 팩스 (031)942-5378
등록번호 제406-2015-000137호 | 등록일자 2015년 11월 5일
편집 김성은, 박예슬 | 마케팅 이주은, 이수빈, 고예찬 | 경영지원 손향숙 | 디자인 이재민, 유고운

도서출판 노란돼지는 독자 여러분의 의견을 기다립니다. yellowpig.co.kr | 인스타그램 @greenlibrary_pub
ISBN 979-11-976285-8-0 04370, 979-11-976285-7-3 (세트) ⓒ 이차숙 2022
값은 표지 뒷면에 있습니다.

초록서재 초록서재는 연노랑의 잎이 자라 초록의 나무가 되듯
청소년의 생각과 마음 성장을 돕는 책을 펴냅니다.